北京大学新中国留华校友口述实录 丛书
夏红卫 孔寒冰 主编

梦,在路上

美国堪萨斯大学东亚系前主任
马克梦口述

孟繁之 编著

图书在版编目（CIP）数据

梦，在路上：美国堪萨斯大学东亚系前主任马克梦口述 / 孟繁之编著. — 北京：北京大学出版社，2018.4
（北京大学新中国留华校友口述实录丛书）
ISBN 978-7-301-29043-9

Ⅰ.①梦… Ⅱ.①孟… Ⅲ.①马克梦–回忆录 Ⅳ.① K837.125.46

中国版本图书馆 CIP 数据核字（2017）第 306814 号

书　　名	梦，在路上：美国堪萨斯大学东亚系前主任马克梦口述 MENG, ZAI LU SHANG: MEIGUO KANSASI DAXUE DONGYAXI QIAN ZHUREN MAKEMENG KOUSHU
著作责任者	孟繁之　编著
责任编辑	李冶威　丁超
标准书号	ISBN 978-7-301-29043-9
出版发行	北京大学出版社
地　　址	北京市海淀区成府路 205 号　100871
网　　址	http://www.pup.cn
新浪微博	@北京大学出版社　@培文图书
电子信箱	pw@pup.pku.edu.cn
电　　话	邮购部 62752015　发行部 62750672　编辑部 62750112
印　刷　者	北京市松源印刷有限公司
经　销　者	新华书店
	889 毫米 × 1194 毫米　32 开本　6.125 印张　160 千字 2018 年 4 月第 1 版　2018 年 4 月第 1 次印刷
定　　价	45.00 元（精装）

未经许可，不得以任何方式复制或抄袭本书之部分或全部内容。
版权所有，侵权必究
举报电话：010-62752024　电子信箱：fd@pup.pku.edu.cn
图书如有印装质量问题，请与出版部联系，电话：010-62756370

"北京大学新中国留华校友口述实录丛书"
编委会

顾　　　问：郝　平　林建华　田　刚
　　　　　　王　博　朱善璐　李岩松
编委会主任：夏红卫　孔寒冰
编　　　委（按姓氏笔画排序）：
　　　　　　丁　超　马　博　王明舟
　　　　　　王　勇　宁　琦　任羽中
　　　　　　孙祁祥　孙秋丹　李宇宁
　　　　　　张　帆　陆绍阳　陈峦明
　　　　　　陈晓明　陈跃红　周　静
　　　　　　孟繁之　项佐涛　赵　杨
　　　　　　贾庆国　高秀芹　康　涛
　　　　　　蒋朗朗　韩　笑
主　　　编：夏红卫　孔寒冰

"北京大学新中国留华校友口述实录丛书"
总序

在几千年的文明发展进程中,中华民族形成了开放包容、和谐共生的文化传统。作为中国近代第一所国立大学,近一百二十年来,北京大学厚植中华文明沃土,饱览时代风云变幻,积极致力于"东学西渐"和"西学东渐",以开阔的视野和胸襟,为生于斯、长于斯的中华民族,也为人类命运共同体培养了一大批优秀人才,在中外关系特别是人文交流方面做出了巨大贡献。

1952年9月,"东欧交换生中国语文专修班"的14名外国留学生调整到北京大学,标志着中华人民共和国成立后北京大学来华留学工作的开始，六十多年来，北京大学已经培养了 9 万多名各种层次的国际学生，他们遍布世界各地的近 190 个国家和地区。北京大学的国际校友人数众多，覆盖国家和地区广泛，社会贡献突出而令人瞩目。他们来华留学的时段跨越了不同历史时期，亲眼见证了中国发生的翻天覆地的变化。更具体地说，他们构成了中国来华留学教育史的一部缩影，既是中国历史的见证者，又都在不同程度上是中外文化交流的探索者与践行者。许多学成归国的留学生已成为所在国同中国交流的重要桥梁。还有许多国际校友在本国政治领域、经济领域和外交领域里努力工作，对于祖国的发展和与中国的友好关系做出了杰出贡献。

面向国际社会讲好中国故事，是加强中外人文交流的有效途径。北京大学国际校友的人生经历和他们讲述的中国故事，为理解中国的政治、外交、文化、教育的历史提供了独特的海外视角。不仅如此，他们对中国有深刻的理解和特殊的感情，在本国甚至在国际社会有较高的声望，是让国际社会全面了解中国的重要渠道。"北京大学新中国留华校友口述实录丛书"收集和整理的就是北京大学国际校友的成长记忆，重点讲述他们与中国特别是与北京大学的故事。通过对国际校友进行口述文献的采集、整理与研究，可以使国内更多的读者听到"中国好声音"和"中国故事"。此外，本套丛书还有助于系统梳理来华留学教育工作在不同历史阶段的发展历程和人才培养成果，为留学生教育总结经验，拓展学术研究领域，丰富国际关系史和国别史研究内容，进而推进北京大学对外开放和"双一流"建设。

2015年，本套丛书的编辑出版工作正式启动，由相关学科的专家学者对一些国际校友进行访谈，在此基础之上整理、出版了这套丛书，通过这种形式配合国家做好大国形象的构建，推动开展中外人文交流。在策划、出版这套丛书的过程中，作者努力以严谨的科学态度保证它们具备应有的学术价值和历史文献价值。考虑到口述者的特殊经历、个人情感以及因时间久远而造成的记忆模糊等因素，作者通过访谈第三方、查找资料等方式对口述内容进行考订、补充，成稿后又请口述者进行了校正。尽管如此，由于各方面水平所限，丛书中肯定还有不准确甚至错误之处，敬请读者批评指正。

启动两年以来，本套丛书受到了各界的关心、支持，也得到了许多领导和专家的指导、帮助。在这期间，丛书编委会的一些成员职务发生了变化，不断地有更多领导和专家加入进来，相关的访谈成果会越来越多、质量越来越高。

谨以此书献给数以几万计的北京大学的国际校友，献给所有关心、支持、参与来华留学事业的人，献给北京大学120岁生日。

编委会主任　夏红卫　孔寒冰

2017年11月

Contents | **目录**

001 | 序
005 | 一　家世
013 | 二　我的大学时代
019 | 三　台北，台北
026 | 四　普林斯顿
029 | 五　到大陆去，上海印象
062 | 六　燕园生活琐记
079 | 七　明清小说与中国传统社会
097 | 八　性别政治与国家政治
105 | 九　在美国中西部讲中国
119 | 十　我的汉学研究之路
134 | 十一　面向未来

| 140 | 附录一　马克梦谈唐代女性的政治参与 / 张明扬
| 152 | 附录二　读《吝啬鬼、泼妇、一夫多妻者》 / 李零
| 167 | 附录三　多妻的小说世界：关于《吝啬鬼、泼妇、一夫多妻者》 / 江晓原
| 178 | 附录四　马克梦著作目录

序

今年到北京的时间比往年要晚点。原因是 6 月 13—14 日要到浙江大学参加为庆祝北京大学李零先生七十岁生日而举行的学术研讨会。以往每年都是 5 月中旬来，6 月 8 日前返美，8 日是我爱人 Deborah Peterson 的生日。两个人的生日，都非常重要，因此今年我是 6 月 9 日自堪萨斯动身，10 日到达杭州。

记得 20 世纪七八十年代在复旦大学留学时，老跑杭州玩，对西湖和西湖周边的景区颇熟悉，灵隐寺、飞来峰、六和塔、苏小小墓，中间山上的小路，就连当时游人极少往至的山间小径，也几乎都去过。此番来，很想再去看看。因此抵杭第二日一大早，即自浙大紫金港校区乘出租车前往。出租车一直开，经过隧道，莫名其妙走了许多路，最终到了灵隐寺。下车一看，已面目全非，非记忆中的样子，不免丧气，差一点就打道回府。如《儒林外史》中马二先生般信马由缰闲逛，中午时分到了法静寺，游客极少，正是我喜欢的氛围，遂找了路旁一家小饭馆，一个人，在那里用午饭。老板娘还帮我点了菜。真好！餐桌旁边的小墙外是一片茶田。我1979年刚到上海时，极不习惯喝上海的自来水。有一位加拿大的朋友推荐我泡茶，说这样会让水好喝一点。当时喝的第一种茶正是龙井，从此就养成了喝中国茶的习惯。法静寺吃罢了饭，慢慢往车站走的路上，就跟当地人买了点龙井谷雨茶。店主解释说谷雨茶是4月20日前所采，说这是它的特点。我好奇，没听懂"谷雨"是哪两个字，就请他们写给我看。男的笑着说自己"没有文化，写不了"，于是他的妻子在我的茶盒上写了"谷雨"二字。回旅馆细品，果然好喝，后悔没多买。

有位北京的朋友曾说我是只"候鸟"，因我每年春夏之际都会来一次中国，故如是戏称。我也可能有点上瘾，但在我，这里面有兴趣，有爱好，也有友谊，当然还有出自学术与职业上的追求。第一次是1976年，我在台湾留学，在那里待了一年。那是我第一次出国，也是我一生中最丰富、最难忘的一年。1979年至1981年在复旦，当了两年的高级进修生，就更有意思了：认识的朋友、去的地方、看的书，尤其是说和听的话，可以说超过了前一次。

之后就更清楚了，每隔一段时间就一定要去中国，要不然生活太单调，不够刺激。有人问我为什么，他们也试着分析。让他们琢磨吧，我自有我的道理。也不一定每次来都会有成果及顺利。这种旅行是一种艺术，也是一种冒险，得有技巧，也靠运气和碰巧。不可能每一次都一样，也不可能以前认识的人都会持续交往。能有几个人从一开始至后来始终保持联系的，已是非常难得。也会不断地认识新朋友，特别是年轻人。我早期接触的年纪较大的几位好友都已不在了，他们都是我父母年代的人，经历过抗日战争、解放战争，1949年前后也是他们生活中很复杂的时期；同他们的交往令我极为珍视。我曾写过一篇《老宋传》中的老宋，即为其中的忘年交之一。

写和整理这部书，仰我的朋友孟繁之之力实多。他为我提供了全书的结构，第七、第八章是他写的。他还负责了不少翻译工作，也拜托了别的好友：史金金、张瀚墨、冯坤等几位。早先还有于思群帮我翻译

《老宋传》，是很大的功劳。另外还有别的朋友与家人，他们的名字都会在书中不断出现。

此书的英文名，我用了"Isle Length of Road"。以前我没有汽车，在劳伦斯主要靠自行车，出门远行即坐长途客车（美国的火车根本不行）。有一次买了一张票，横贯了全北美，从加拿大蒙特利尔往西，再从洛杉矶往东，路上停留了好多地方（并且顺便参观了北美差不多所有的唐人街）。*Isle Length of Road* 即是基于这一经验所引发的，意思是说，我以往的日子就像一座独立的小岛，隐居式的岁岁年年，在生活中左观右望。也如一个游走的岛，像一段行走的路，只有小岛那么长。

2017 年 7 月 21 日　于劳伦斯

（于思群初译，孟繁之校译）

一　家世

我于 1952 年出生在印第安纳州的西拉斐特（West Lafayette）。在那里，我度过了童年和青少年的大部分时光，直至中学毕业。印第安纳是美国的一个州，在美国属于中西部。我的父亲在 1959 年 9 月，我七岁生日前几个月就去世了。之后我母亲一直独身，直至她 1993 年离开这个世界。他们原先都是天主教徒，我母亲是意大利裔（她的母亲和父亲都出生在意大利），我父亲是爱尔兰裔（他的祖上在 19 世纪移民到俄亥俄州）。他们在纽约相遇，当时我母亲在那里工作，学习戏剧和表

两岁时和外祖父，他是一名意大利面包师

演。我父亲则是福特汉姆大学①一名学习西方哲学的学生。我父亲去世后，我母亲重新回到校园，完成她未竟的学业，在普渡大学（Purdue University）拿到英国文学学士学位。之后她继续攻读英国文学硕士、博士。再之

---

① 福特汉姆大学（Fordham University），是美国著名的天主教精英私立大学，创立于1841年，校址在纽约。学校最初名为圣约翰学院（St. John's College）。1907年，学校更为现名。崇尚小班精英教学体制，同麻省理工学院、理海大学、西点军校等著名美国高校一样，是美国精英化高校联盟——爱国者联盟盟校之一。——编著者注

后，她在纽约州西部的一所大学里任英国文学教授，但后来离开了，回印第安纳当编辑，直至终老。从我父亲离世，也就是我小学二年级至整个中学这段，她一直都在读书。

虽然我们并不算穷困，但是我母亲的薪水比我当时认识的大多数人都要低。自从我父亲去世后，直至1970年，我们都在使用我父亲健在时买的那辆车，一辆1954年出厂的福特牌汽车。而我儿时的伙伴及学校里的同学，他们家里一般每隔几年就会换一辆新车。有好长一段时间，我为此很是自卑。我们一直住在租赁的公寓里，而我的玩伴及同学们则多住在单门独户、拥有车库和前后院子的家里。现在回头看，早年的这种生活培养了我一种极简主义的处世态度。直至1993年结婚之前的很多年，我从来都没有拥有过自己的汽车或房子。我母亲在我结婚六个月后过世，这或许是一个奇特的暗合。在很多年里，在市区或上下班，我都骑自行车。如果离开市区，我则

小学六年级

乘公共巴士（这也是同美国底层民众接触的一种极好的方式）。这些都使我避免了拥有像汽车和房子那样大的物件所带来的麻烦。

我在大学的环境里长大，我儿时玩伴的父母也几乎都在大学里工作。除了有一年的暑假，我曾在康涅狄格州的一家中国餐馆里打过短工，包括我现在工作的大学，我从未做过大学之外的其他任何工作。在我中学毕业前和初入大学的那些暑假，打零工也几乎都在大学校园里做些"蓝领"的、纯体力的工作。比如曾做过密歇根州立大学土壤学系的农艺工人，以及普渡大学园艺系的苹果采摘工，也包括一度为普渡大学做值夜班的扫地工人。作为一个在大学环境、氛围及知识分子家庭里长大的孩子，这意味着我从儿时起即认识许多教授，并且可以很轻松地同他们交谈。我母亲时常会在家里举办各种聚会或沙龙，邀请她的英国文学系的同事，包括一些作家和戏剧导演来。他们喝马提尼酒，谈论文学、戏剧、政治。即使我当时不明白他们所谈论的，但从那时起，我就非常欣赏那些具有幽默感和懂得语言讽刺技巧的人，文学教授尤其如此，令我向往。我经常会听到一些英美作家的名字、他们的作品名称及所描述的人物、角色。也许我后来选择学习中国语言文学，就是想像我母亲研究英美文学一样；但不同于她和我父亲的是，我研究的是地球另一边的一种文化。成为一名学者，无论过去还是现在，都是我尽可能远离商业和金融这些单调的资本世界的一种方式。

我母亲最钟爱的是表演，她在离开纽约后很长的时间内，一直都在坚持排戏和演出。我父亲学习过拉丁文、古希腊文、法文以及哲学，并最终获得广播电视学的博士学位。他去世前的最后一份工作是在普渡

1989年与母亲

大学广播电台做一档新闻栏目的负责人。他去世时年仅32岁，死于心脏衰竭，起因是他儿时曾患过风湿热。因为身体不好，他没有参加第二次世界大战，不像我很多朋友的父亲。我对他只有模糊、片段的印象，例如他带我去他的办公室，带我去钓鱼，以及我们住在华盛顿特区的两年，他带我去参观美国南北战争的战场。但他对我的影响甚大，使我在中学时就开始学习拉丁文、古希腊文和法文。在20世纪六七十年代，学习拉丁文被认为是过时的行径，但对我而言，它则带给我无尽的欢乐，是我中学时代快乐的渊薮。

如果说父亲影响我学习了拉丁文、古希腊文和法文，母亲则影响了我在文学方面的兴趣，特别是关于小说。从中学高年级时起，我就尽可能多地去读十八九世纪，直至20世纪的美国、英国、法国及俄罗斯的文学作品。我最喜欢的作家有陀思妥耶夫斯基、古斯塔夫·福楼拜、塞缪尔·贝克特、普鲁斯特、托马斯·曼、弗吉尼亚·伍尔夫。其中普鲁斯特的作品我现在仍不时在读，置诸案头，时读时新。对于读过的这些作品，我从未写过任何文章。但每有心得、体悟需要记下的话，我都会在我的日记里写下我的想法、问题以及同朋友们的交流探讨。我从八岁起，就坚持写日记和做笔记,一直至今,近六十年矣。

美国的中学同中国的中学极为不同。在美国,上中学不需要通过小升初、中考、会考之类的任何门槛考试,也没有纯为升学计的无尽的大考、小考。我还在中学低年级时,中学的人文和语言课对我而言,都无聊至极,质量较差。我曾溜进附近的大学里上法文课,起因是中学里的法文课教得太慢了。我有一位极特别的、令我迄今犹怀念不已的中学高年级拉丁文老师,他在教授我拉丁文的同时,也在每周一和周五上课前的七点三十分,自愿教授我古希腊文。他的名字叫奥利弗·奥斯克,我一直对他心存感念,我在我的第一本书的致谢部分曾专门提到过他。在整个高中阶段,我在我的朋友当中是非常幸运的。20世纪60年代末期,是美国"政治激进主义"和"反越战示威游行"并行激荡的时期。学生们组织起来反对当权派,反对共和党或民主党的政治主流。在此期间,敌人是所谓的"军工联合体"(military-industrial complex)。也就是这个时期,社会上在进行各种药品实验,推翻我们认为过时的社会理念和性行为观念。我的朋友和我在中学高年级时都是"嬉皮士",我们组建了一个牢固的团体，激情万丈，自信激昂，反对那些所谓的主流学生的"端正"行为。他们多衣着整洁、得体、时尚，发型极为保守，他们当中的许多人鄙夷我们，取笑我们，称我们为"松鼠"（废人、无赖的意思，当时的俚语，现在已不使用）。我们有自己的地下报纸，在报纸上，我们发表一些谴责越战和宣扬左翼思想的激情洋溢的文章。我们参加在附近的大学里举行的各种政治游行。以当时的政治立场看，我们都有着如下的特意区别或标识：男生都留着长发，无论男生或女生都衣着朴素至极，从来不穿时尚或昂贵的衣服，并且拒绝参加学校主办的任何校方活动，如运动会、校报编辑、舞会派对，甚至毕业典礼。我在中学高年级的班里名列第二，但我未去参加毕业典礼。我们举办各种聚会，听我们喜欢的音乐，尤其是鲍勃·迪伦和詹尼斯·乔普林，吸食大麻和迷幻药。我个人比较保守，直到大学高年级之后才吸食过大麻。我当时的想法是，药物会让人产生一些虚假的感觉，而我自己更喜欢身体自然产生的、可控的情绪，而非药物所引发。当然后来我认识到，这些观念本身就是错误的、牵强的。

高中毕业后，我去了印第安纳大学（Indiana University），那里距离我幼年生活的西拉斐特约有一百英里。

二　我的大学时代

我于 1971 年开始学习中文，1974 年开始做中国语言文学研究。大学时代，我主修的专业是法国文学与比较文学，最感兴趣的领域是欧洲中古时代到 20 世纪初的叙事文学与小说。之所以学习中文，是因为在主修法文以前，先主修了语言学，后来放弃了，而按照规定，语言学系的学生都得学一门非欧洲语言系统的语言，我于是就选择了中文。在这之前，我对中国一点印象都没有，吸引我的是一个较抽象的"目标"：学一门与自己的母语完全不一样的语言。我当时的想法是，这样的选择会带给我一种挑战和机会，让我进入一个对惯性思维极具挑战性、刺激性的世界，说不定也会让我"成为"（或"懂得"）另外一个"人种"，进入一种超验性的意识境界。我这种认识，跟当时流行整个美国的"意识觉醒"（consciousness-raising）息息相关。当时很多人通过吸食大麻或致幻剂（尤其是LSD）来达到此目的，也有不少人借助禅坐、清修，及其他许多方法，如政治活动、读书学习等实现。我选择了后者——读书学习。在这之外，我也有一个类似禅坐、清修的办法，但是动的而非静的，即骑自行车。不是一般意义上的骑自行车，而是骑赛车，有时一下子会骑100到150公里。这个爱好是从我大学时代开始的，一直延续至今。骑车在乡下，可以任意、随性地到自己想去的任何地方。自行车就像是一个小岛在路上行走，所以我一度把一本回忆录的题目定为"Isle Length of Road"。

然而，诚如上述所言，虽然我在大学二年级即开始学习中文，但我从来没有选过中国历史或中国文学方面的课（这是一个多么不幸的错误啊）。整个大学期间，我主要的兴趣点是欧洲中世纪文学和思想，以及17至20世纪的法国文学。此外，因为兴趣，一度也选过有关西藏、中亚、比较神话学等方面的课。我从土登·晋美·诺布①那里学习西藏神话和口头文学。他在印第安纳大学执教多年。另一位对我有影响的教授是来自德国的赫尔穆特·霍夫曼②，他教授西藏宗教史，也在课后教授我梵文。我将自己的专业从语言学逐步转到比较文学。在比较文学领域，我当时主要师从两位教授，一位是中世纪的研究专家，另一位是研究17至19世纪欧洲文学的专家。我当时也同时上拉丁文、希腊文、法文，包括中世纪法文、德文和意大利文等课程。福柯学说思想的影响力当时刚刚开始展现，这意味着一个新的文学研究的方向，即把一个人当作

---

① 土登·晋美·诺布（Thubten Jigme Norbu, 1922—2008），亦称"当才活佛"，法号"塔泽仁波切"，27岁担任塔尔寺堪布，1952年抵达印第安纳州，1965年起在印第安纳大学藏学研究系任教授。——编著者注

② 据索珍《美国主要涉藏研究机构和藏学研究人员现状及其分析》《德国主要涉藏研究机构和研究人员现状分析》，赫尔穆特·霍夫曼（Helmut Hoffmann）曾是巴伐利亚科学院中亚研究委员会的创建者和首任主席，是该院早期正式院士，世界著名藏学研究专家。赫尔穆特·霍夫曼的代表作有《西藏苯教史资料》（Quellen Zur Geschichte der tibetischen Bon-Religion, Abh. Der geistes- und sozialwiss. Klass, Jahrgang 1950, Nr. 4. Akademie der Wissenschaften und der Literatur in Mainz）、《琼结地区的藏王墓》（Die Gr ber der tibetischen k nige im Distrik ' Phyong rgyas, om Nachrichten der Akademie der Wissenschaften in G ttingen, Phil-hist. Klasse 1950）、《西藏的宗教》（Die Religionen Tibets, Freiburg-München 1956）等。1969年，赫尔穆特·霍夫曼离开慕尼黑移居美国，任设在印第安纳州布鲁明顿的印第安纳大学乌拉尔和阿尔泰研究系的教授，讲授藏学课程。——编著者注

"主体"意味着什么；作为一个有意识、有知识、有理性、有欲望的"主体"，其"主体性"的含义是否会随着历史的发展有所改变，是否在不同文化之间有所不同。我最喜欢的作家依然是普鲁斯特，他的鸿篇巨制《追忆似水年华》（*The Remembrance of Things Past*），我是在一个寒假里读完的。他那种细致入微的对情感、依恋以及由爱情带来的挫败感的描写，从那时起就非常吸引我。他似乎是在小说里花了大量的篇幅，类似汉赋的"侈丽闳衍"来进行一些散文描写，比如描写天空、一种花、教堂的窗户，而所有这些背景，几乎都是类似于一场痛苦的恋爱，或是在上层社会当中对于社会事件的一种回忆。比如在他某部小说当中，他集中描写了一场痛苦的恋爱，说有一个男人叫 Swann，喜欢上一个叫 Odette 的女人，因为这个女人的特征使他想起了一幅名画里的美女，而事实上，这个女人是一个妓女，在现实中思想、意识都极其粗俗。

读普鲁斯特的作品，需要极其安静，并且没有任何压力，必须全身心投入其中，沉浸其中，理解他那些话语的含义。他小说中的句子都特别长。我喜欢的另外一位作家是塞缪尔·贝克特，他小说中的句子"我不能再继续下去了，我还得继续下去"（《无名》),总结了他对我的影响。他最好的小说是《墨菲》(*Murphy*)和《马洛伊》(*Molloy*),这两部小说非常契合我当时的感觉:在城市当中惴惴不安,无处不在的荒唐令人困惑,并且对于主流社会非常在意的那种进步和发展丝毫不为所动。

1974年到1976年间,我在耶鲁大学东亚系读研究生,才开始正式学习中国文学和中国历史。在耶鲁大学,对我影响最大的有两个来源:一个是宇文所安(Stephen Owen)的中国文学史课程,另一个是法语系、英语系里教文学理论和文学批评的几位教授。我读的第一部中国小说是《儒林外史》,但是我并不喜欢。18世纪的中国社会及其科举制度,对我而言太遥远、太枯燥、太陌生。相比于司汤达、巴尔扎克、福楼拜、陀思妥耶夫斯基及其他欧美作家的作品,《儒林外史》并不吸引我。我当时的中文不够好,欣赏不了原文,而杨宪益的英译本处理得又没有那么巧妙。我第一次对中国文学产生兴趣,是在我选修了宇文所安的两个学期的中国文学史课程之后。他让我接触到从西周到清朝最好的作家、最好的作品,包括诗歌、小说以及戏曲等。他可能对我印象不深,我一直记得他对我的失望，认为我在理解中国诗歌方面缺乏直觉。有一次我翻译"风流"这个词时翻译错了，他还大笑。我当时将这个词按字面意思，直译成了"wind"和"flow"。

在耶鲁大学最重要的转变能够发生，是因为我接触到了文学理论和文学批评。我对两位法国的思想家非常着迷，第一位是雅克·德里达（Jacques Derrida，1930—2004），他是解构主义方面的理论家；另外一位更持久影响我的是雅克·拉康（Jacques Lacan，1901—1981），他是弗洛伊德精神分析学家、哲学家。在后文，我会详细谈到我是如何使用他们的观点的，兹先不赘。

三　台北，台北

在现实生活中，学习汉语带来的第一个重要的实质性的结果，是耶鲁大学毕业后，1976—1977 年我到台湾去留学。这时候去的原因，是在耶鲁大学期间有一个很明显的问题，即我的汉语水平不行，急于提高，势在必行。于是 1976 年 9 月，我到了台北，在那里的一所语言学校学习汉语，住宿则在所谓的"国际学社"一栋两层楼的宿舍，专门提供给留学生、来访学者以及特别选中的台湾本省籍大学生。

在台湾生活不可能仅仅是为了学习中文或是为了未来的职业发展。我的目标即使有些天真或理想主义，但还是尽可能紧密地联系着职业与生活。因此，生活在台湾基本上也就同学习汉语和中国文化一样重要无疑了。我接下来对台湾生活的追述，可能会让读者觉得琐碎，好似和学习没有什么关系，但其细节，对我来说当与学习同样重要。学习怎样生活在台湾，特别是学习怎样用中文生活在那里，可以说概括了我在台湾的整个历程。

生活的第一个细节伴随着这样的现实展开了：第一天，我要出去买邮票寄信给我母亲报平安。但不幸的是，我不记得"邮票"这个词中文怎么说。我只记得"风流"，但不知道"邮票"。我于是查了查字典，就去了邮局。也许一个正常点儿的游客来到台湾应该已经读过一本旅游指南，我却从未这样做过，去台湾前对那里一无所知，除了从他人那里听到的趣闻，比如四处飞舞、打不死的蟑螂，比如卫生非常不好，比如夏天很热，等等。我知道它在国民党统治下，很多民众来自大陆，但我在那里并没有什么朋友或私交。我最早认识的人是我住的宿舍楼的门卫老宋，住在隔壁的日本学生Kishita，我每天吃早点的豆浆店老板夫妇，以及我参加的语言学校"斯坦福语言中心"的美国同学和中国老师。

生活在台湾意味着我不得不学会如何吃饭。那时我对中餐已经很熟悉了，1976年夏天我在纽黑文一家中餐馆做过服务生。我习惯下午四点吃晚饭，在中国厨子五点开工之前。到台北后不久，我和日本邻居Kishita交了朋友，他带我第一次去街边巷角的豆浆店。老板娘穿棉布衣服，看上去有点胖，戴着绿色毛线帽子，常常挂着和善的微笑。她丈夫从上海来，穿白T恤、蓝短裤。我学会了点菜的流程：我先要豆浆，他们便问"你要吃什么"，因为照我的发现，豆浆一般是就着别的东西吃的，比如烧饼、油条，或是我最喜欢的糯米饭团。我坐在黑色方桌旁的凳子上，别人一般也在那里吃早饭。起初吃完时他们用中文告诉Kishita价钱，但对我则用手势表示价钱，老板娘的台湾腔对我来说太重了。多年以后我回到台北访问时，他们还在那里，并且坚持免了我早餐的钱。

学习如何生活在台湾也包括了一个重要决定：我的生活要离所谓的"真正"的中国人有多近。起初我住单人间，但走廊对面有四人间，其中一个还有空位，我该不该搬到那个房间呢？我会失去隐私，但我有更多机会说汉语、认识中国人。四人间每月也只收800台币，我那年可没什么钱了（后来我找了英语家教的工作，每周 10—15 小时，足够支付房租和饭费）。我最终决定搬去四人间，却发现里面住着的三个是本省人，互相说闽南话。这是我第一次和别人同住一个房间。一开始很难忍受一个房间里晃着另外三个"有机体"，就像一个盒子里有四种生物节律。我们四个人不可能同时坐在书桌前，那样太挤了。我占了个上铺，这能让我拥有一些独立的空间。我们房间后面是个军事基地，士兵在那里操练行军，行军时唱歌喊口号。你能听见附近居民家的公鸡打鸣，或是他们的孩子用闽南话闲聊。你甚至能听见人们的筷子碰到碗的声音。远处是环绕着台北南部的群山。我学会了些基本准则：比如有人进门时说"请进"，之后你应该说"请坐"。我的室友们很好学，特别是我的下铺。他能早上一起床就马上坐到书桌前苦读，甚至都不先上个厕所。

我在斯坦福中心上过最好的课是叶太太开的两学期《水浒传》，我跟着她逐页阅读小说，对不懂的东西每事必问。后来她退休了，我回台湾旅游时还常去看她。她来自北京，在那里就认识了我在普林斯顿大学的老师高友工。她总是对我说她记得他喜欢芭蕾。

尽管我的中文进步很大，我还不能用中文表达讽刺。这可能是因为宿舍里我认识的每个人都学了工科，他们都学工程、自然科学和数学。我给母亲写信假定中国人没有反讽的细胞，这个观点很蠢，但当时很吸引我。

当时学习汉语的时候，有一个非常深刻的印象，即每学一个新单词，就像解决了一个新问题，发出了新的沟通信息，我和别的什么人之间敞开了灵魂——尽管误解经常发生。这是我在台湾这一年的关键印象，是对我语言学习过程中最关键的感受的总结，而这个过程也正是在社会象征秩序上定义自我的过程。更简单地说，每个词汇都像打开新的大门的门票，开启了先前关闭着的，甚至先前不存在的门，进入之前被阻隔的房间，不仅是房间，还是邻里、区域和空间，包括情感空间。在那之前的一年雅克·拉康开始启发我，他说无意识的结构就像语言。他讨论"语言的占用经由他者，那是……意味着通往主体身份中象征秩序的入口"。一个人通过讲述语言成为他自身，一个人经由语言进入象征秩序，一个人通过他者带给你以及你向他者指称自我的言语的意义而成为自身。这包括了他人用中文谈论我什么，如何用中文定义我，中国人会谈起我什么——无论他们是否了解我或者我是否清楚地表达了自我。人们带给我关于我自己的生词。有一

在台湾旅游

次我的女朋友和我站在一个机场闪烁的灯光下,她嘲笑我实际上就像那些闪烁不定的灯光。有一次她说:"你常常驳倒你自己的话。"我把所有评论当作礼物收集,并好奇我可以如何回报。她和其他人给了我用来表达自我的语汇。情感和自我表达的语言对我来说是最为重要的。许多年后我参加美国公务员考试,试图成为政府译员,但我失败了。我不会说诸如"食品加工厂"或"菠萝种植园"一类的词汇。我永远不可能成为那样的活字典。但谈论我自己和"你",则最能概括我关心的全部世界。

四　普林斯顿

　　自台返美后,我就进入普林斯顿大学攻读中国文学博士学位,师从浦安迪先生。之所以选择在普林斯顿大学读书,是因为当时美国有限的几个研究中国小说的学者中,浦安迪先生是唯一在比较文学的语境下来做研究的。在研究题目的选择上,他给予学生最大的自由。围绕一部小说,他设计两个学期的课业,小说是每周读五章左右,并以相关明清小说点评方面的阅读为补充,而学生每一周都需要介绍自己所选的点评作者,比如李贽、金圣叹或者张竹坡等。上课的时候,浦安迪先生从不长篇大论地"讲"课,而是引导学生讨论。其实有时候我希望他能"讲"课，因为我想从他的观点中得到启发，当然也因为有些学生的介绍没有多少有意思的东西，但他的方法倒能确保我们认真阅读小说的每一章，确保我们充分理解明清小说评论的语汇与观点。我在普林斯顿大学的头两年是为攻读博士学位所必需的"综合考试"做准备，我选择的三门必考科目分别是宋元明清小说、思想史以及西方文学批评。就普林斯顿大学其他的老师而言，我非常喜欢高友工教授，听过他的六朝诗歌和唐代诗歌两门课。他是那种从未出书而只靠相对来说少数几篇高质量的文章为人所知的学者，尤其是他跟梅祖麟合写的《唐诗的句法、用语与意象》（发表在《哈佛亚洲研究杂志》1971年总第31期），非常有名。在他的课上，你不用非得跟上和理解他所说的每一句话。他的这些课的主旨是教会我们正确理解唐诗及诗评的审美原则和措辞习惯，尤其是出现在诸如《唐宋诗举要》一类书中的诗评。《唐宋诗举要》也是他在唐诗课上使用的主要课本之一。

对我来说，李渔在《无声戏》里给出了中国小说的重要定义。他认为，小说的内容是那些"正史可以不载，野史不可不载"的东西。因此，小说是噪声,是枝节,是淫秽的,其内容是其他更高的书写形式无法包容的。在浦安迪为研究生开设的主题讨论课上,我们的重点是将"四大奇书"作为文人书写的例子来讨论。我们对小说评点的阅读,是与这些点评对叙事模式与修辞的高度关注分不开的。我的博士论文(1988年成书出版,题目是《17世纪中国小说中的诱惑和克制》[Causality and Containment in Seventeenth-century Chinese Fiction])的主题是展示这一时期的越界的性行为以及与此相对的有关管制欲望的思想观念。与此相关的话题还包括因果主题及其在故事展开通奸(偷汉)逻辑过程中所起的作用,而在这样的小说里,通奸就是妇女摆脱控制的象征。我在论文中是通过叙事模式,尤其是因果模式,也就是幕与幕的移动,来检视这一逻辑的展开的。我也讨论了所谓的叙事节点,也就是幕与幕之间移动的转折点。叙事的片段通过这些纽扣环环相接,而这些纽扣也标识出叙事的因果联系。晚明小说的核心因果故事之一是妇女通奸。这些通奸故事通常隐含着一个下意识的主题,那就是妇女通奸的必要性。也就是说,想牢固控制妇女是不可能的。然而,这些故事整体的、有意识的、表面上的主题对妇女通奸还是持有说教式的谴责态度的。

五　到大陆去，上海印象

1979年8月底，和我一起抵达的这批美国研究生在香港会合，登上了从广州开往北京的火车。去上海之前，我在北京停留了两个星期。在那里，9月1日那天，我遇到了人生中第一个"真正意义上的中国人"——一位来自宁夏的地理老师。我之所以称他为"真正意义上的中国人"，是因为在我们来中国之前，我们这些美国人被告知与中国人交朋友或敞开来聊天是很难的。大家都觉得没人会跟你（外国人）聊天说话，如果他们开口了，那谈的必然是关于政治意识形态的话题。这导致在我们这些刚刚到达中国的美国人眼中，哪怕只是和中国人简单交谈几句，他或她都会被认为拥有了一段特别的经历。事实上，人们都很友好，也乐于交谈，聊天的内容也没有多少限制。有一些外国人仍然有些拘谨或胆怯，导致与中国人接触的过程困难一些。也有些中国人害怕外国人，感到跟他们聊天不自在，但我有一个好的开始。我在北大南门附近一家名叫"长征"的饭馆里遇到那位地理老师，我们一见如故，聊了很多。他说在中国，50年代时大家都学习俄语。我就说，80年代大家都学的语种将会是英语。那到了90年代呢？谁知道？我们同时说用中国话，他还提到了世界语。他说过去两年，变得自由了一些，还说如果是在两年前，他可不能这样跟一个外国人聊天。

他告诉我中国人口太多了，就像这个拥挤的餐馆。在那时候，如果你去下馆子，里面的顾客就会多到在你的餐桌前排成队，一直等着你吃完，你一起身排队的人就立刻坐到你的位子上。他对此无法忍受，觉得太吵了。他说他生活的地方非常安静，于是我就告诉他："你对嘈杂难以忍受很有意思。"他说其实他也有错，因为他有四个孩子。于是，我开玩笑地"责备"他。后来他想请我抽根烟，说："你可能不抽烟吧？"

他知道抽烟对身体不好，但又给自己开脱："怎么办，我老了。"他跟我说我的汉语很好，也许还说了两遍，说第二遍是想确保让我听到。然后，我就说"谢谢"。

在来中国前，我们可以自己选择在哪个城市居住。绝大多数人选择了北京，但是我选择了上海以及复旦大学。因为我觉得在那边外国人可能会少一些，可以更容易地融入中国学生中间。外国留学生都住在复旦大学校园东南角一栋新盖的宿舍楼里，围墙的另一边就是邯郸路。宿舍里有独立的餐厅，留办（留学生办公室）执行很严格的来访规定，严格筛选获准来拜访我们的中国人。"规定"成为外国人之间一个持续很久的话题。尽管我们受到严密的监视，活动也受到限制，但我的观念是，在规定之外，还有非常多的事情可以说、可以做，非常多的人可以认识，非常多的地方可以去。规定和限制是我们生活中固有的一部分，每时每刻都影响着我们，提醒着我们的身份，把我们同中国人泾渭分明地分开。在中国的欧洲人或美国人好像进入了另一个宇宙一样，这种裂隙/差异很巨大，令人沮丧，有时还导致误解和冲突。但那些年间我与中国人的交流，无疑是丰富的、持续进展的。

我在上海的第一年发生了一件事，可以用来解说那些区别对待怎样影响了我们在中国的生活。留学生们无法忍受那些限制，但反对又没有效果。我对在中国生活的第一印象就是围墙，尤其是围绕着整个复旦大学的围墙。我们的宿舍离南门和东门都很远，但离我们宿舍不远的国定路一带的围墙很矮。我们只能通过大门出入，这对我们来说很没有道理，所以有一些留学生就爬墙出入，代替走大门。有一天晚上，一个丹麦留学生凌晨四点从属于商业区的五角场喝完酒回宿舍，想要爬墙进来。结果墙造得很不结实，他的大腿直接把墙压塌了，损坏得太厉害了，导致他被遣送回了丹麦。有个中国学生，老冯，当时和他们在一起，他后来成了我的好朋友。留办让他写检讨，但他拒绝了。多年以后聊起来，他说当时跟留办的人说："李白也喝酒，喝酒怎么就是件坏事了？"但他最终还是同意写份检讨，检讨喝酒产生的不良影响。没多久，墙又重建了，高了，也结实了。1980 年 6 月，贴出一份新告示，对拜访留学生宿舍实行更严格的规定：中国访客在晚上九点以后不得停留；非特殊日期不得逗留超过三小时；不允许过夜。另一个丹麦留学生立刻把告示撕了。第二天留办批评了他，又贴了一个新告示。很多年后，2005 年 6 月，我回到复旦大学，跟留办的人碰面。他们主动邀请我一起吃饭，我们都为当年发生的那些误解道了歉。这顿饭期间，他们基本上都在说上海话（我从来没学过），对他们来说这样的聚会非常难得，也很开心能够见到彼此。

住在特定的宿舍，被限定来访，意味着很容易就变成只和其他外国人来往。外国学生们上留学生课程，在留学生餐厅吃饭。我的解决方法之一是到中国学生的餐厅吃午饭。后来我开始旁听中国学生的课程，去他们的宿舍聊天，一聊就是好几小时。到了假期，到他们一些人的家乡去拜访。

值得一提的是，那时候在公开场合，中国人还会经常盯着外国人看。在中国，这种情形被叫作围观，而政府试图说服群众停止这类行为。在上海，有一些围观的年轻人会发出嘘声，而且十有八九说了些粗话。但他们说的是上海话，我们也听不懂。北京的群众盯着看的少，他们对外国人更习以为常些。还有一种状况也影响了外国人的流动性，即如果想要离开上海，必须提前两天到位于上海市中心的公安局特别部门申请旅行证，而且只有部分地区"开放"。我的解决办法是尽可能多地去旅行。我经常去杭州（我最喜欢的城市）、苏州、绍兴、南京、北京等地。

对我来说，上海是一个非常迷人的城市。但在当地居民眼中，上海吸引我的原因会让他们觉得很奇怪，甚至是很不相关。在我看来，它是一个旧时代的城市，很像20世纪30年代的伦敦、巴黎或者纽约。那种20世纪三四十年代的怀旧感，让我感觉自己正在观察那个已经过去的时代，如同置身于被遗忘在原处数十年的巨型电影布景中。但神奇之处在于没有一个外国人留下来，他们都已离开，也不会再回来。同他们一起离开的还有他们的生活方式和习以为常的一切。上海还有一种本不该存在的、被禁止的怀旧感。我走入房屋和建筑，迷恋于那些外国制造的老物件——灯的开关、水龙头、抽水马桶，以及在位于外滩的南京路和平饭店理发店剪头发时，坐的那把圣路易市制造的理发专用椅。

到复旦大学以后，我选了一间靠北的房间，以躲避邯郸路上传来的严重交通噪声。我并没有意识到，在中国当时最受喜爱的是朝南的房间，因为那意味着冬天有日晒、夏天有阴凉。在一个冬天没有室内取暖设施、夏天没有空调的环境里，朝向不同带来的差别是巨大的。我这个年龄的美国人或欧洲人对这个老规矩没什么了解。

与其他外国人的友谊——主要是欧洲人和非洲人，占据了我在大陆生活的一大部分。1979年12月9日，我在留学生宿舍和我的法国、意大利朋友度过了在上海的第一个生日。那时我已经学会了中式的穿衣打扮，也就是棉质的秋衣秋裤，有时再加上一层羊毛制的秋衣秋裤，套上中式的大棉袄，在外面再穿上中山装，薄薄的一层棉质罩衣，可以防止弄脏了棉袄。我在室内室外都穿着这一身，因为教室不供暖，宿舍供暖也就比没有好一点（我们宿舍下午四点到七点提供热水，绝大多数日子有一点暖气）。

我的生日庆祝是在一个法国朋友的房间，但我打翻了蛋糕。当时我正在读弗莱恩·奥布莱恩的小说《哭穷者》。我的女朋友雷吉娜突然出现给我一个惊喜，把蛋糕放在了我腿上打开的书上，说我看书太多学习太用功了。结果蛋糕没平衡好，直接掉到了地上。幸运的是，在它掉下去之前，我看到上面用汉字写的"寿"字。朋友们也都带着生日礼物走进来，在我的双颊印下欧式的生日祝福吻。意大利来的欧亨尼奥在此前第一个祝福我时，已经给了我一个这样的吻，雷吉娜开玩笑说："他讨厌这样！"（也就是说，我讨厌这种亲吻双颊的欧式吻）。蛋糕从书上滑落，底朝上地掉在水泥地板上，哪怕我迅速把它捞起来，还是在地上印了个完美的圆形。大家都笑起来，没人觉得这有什么不好的预示。蛋糕在地板上留下了污渍，大概是用来做糖霜的油造成的——和我过去常吃的糖霜并不相同。

我的法国朋友中有许多是左翼，参加过1968年巴黎和其他地方的学生和工人运动。他们经常与留办发生冲突。1980年6月初，其中一位法国学者约了一辆三轮车载他去市中心——三轮车是最便宜的"出租车"。三轮车来了，但因为这位法国人没有及时出现，于是又走了，是看门的师傅让三轮车离开的。那个法国人很愤怒，直接拿起接待室的墨水瓶扔到门上，还把旁边的电话摔在门上。他咒骂看门的师傅，说："你们真要让我们死。"墨水溅到无辜的朱老师——一位碰巧站在旁边的中文系老师身上。第二天，那位法国人和留办之间爆发了巨大的争执，他坚持要求留办支付三轮车和四轮出租车之间的差价。他们的争吵声在整栋楼里回荡。这件事也是那个时期发生冲突的典型例子。

学会在上海过日子，等于习惯一系列新的"生活条件"。"生活条件"是当时常常听到和讨论的说辞。

"生活条件"影响着我们生活的方方面面。我们的条件比中国学生要好——这也是影响我们生活各方面的一个因素。在美国,生活条件很差的人住得离我们很远。在中国,我们自己的生活条件很艰苦,而旁边住的是条件更艰苦的人。划分出外国人的住宿区,是为了保护我们,给我们更好的生活条件,也更便于监视我们。我们住的是双人间,中国学生住的是八人间,每周只能去公共浴室洗一次澡(虽然有些学生会在下午供应热水时来找我们,借用淋浴)。他们要用配给的票买粮食、香烟、布还有其他东西。留学生只需要用布票,而且分给我们的比中国人要多;我们不需要用粮票,还可以随心所欲地买香烟。中国的学生经常请我们帮忙买烟,友谊商店卖的凤凰牌最受欢迎。

有一个说法很好地总结了当时的生活条件,即"艰苦朴素"。有一次一位加拿大朋友查尔斯和我一起去宁波,我们在一个乡村公共汽车站等回上海的车。旁边有两个男人用汉语议论我们,以为我们听不懂。"他们穿得很艰苦,"他们说,"比我们还艰苦。"其实查尔斯和我只是想可以更好地"融入"。我们穿的是灰色或蓝色的衣服,跟大多数中国人一样。我们是在扮演,但无疑我们都喜欢自己所扮演的角色。虽说听起来有点傻，但我回到美国以后还经常穿那种衣服。

尽管我的"生活条件"舒服得多，但我喜欢"艰苦朴素"这个理念，它与我在美国时就养成的简单、节约的价值观相符。对于"生活条件"我不太喜欢的地方是意识形态化的社会环境。这一点在公共广播中表现得尤为明显，包括新闻里、政论中，以及广播体操中——每天都要听到很多次，尤其是在我的房间里可以听到国定路另一边的小学的大喇叭在播放。相比之下，蚊子的哼哼声对我倒是没什么影响。它们属于"生活条件"中新奇、有趣的一面，让我学会了使用以前从未用过的东西——蚊帐。我喜欢蚊帐。1979年复旦大学还属于郊区，周围都是农田，一年之中有六到九个月到处都是蚊子。在美国，纱窗可以把蚊子关在外面，但在上海不行。我们每个留学生都被分配了一位中文系的中国室友。他们是我所认识的人中最好的一群人，有些人我们在三十多年后的今天还在来往。我的室友老何，来自四川宜宾，他教会了我怎样用蚊帐这宝贵的一课：确保下边塞得严丝合缝，在睡觉之前要仔细检查，蚊帐里一只蚊子都不能漏网。否则，一只蚊子就能把你逼疯。

我喜欢逐渐开始习惯的睡觉和穿衣习俗。睡觉时，我喜欢中国的被子，我学会了定期晒被子，让它变得松软舒适。在潮湿、少见太阳的上海生活，这非常有必要。在夏天，上海的天气总是很糟糕，但我极为惊喜地发现了凉席这个宝器，铺上以后整个房间都散发着稻草的气息，棒极了！茶是另一件新奇的事物。在美国我只喝自来水，不喝咖啡。但上海的水因为含铝太多，很难喝。不久我就发现龙井茶可以让水变得好喝些——我喝茶的习惯从此养成，一直持续到现在。所有这些事都新奇而令人激动，同时也符合我"把自己的生活尽量中国化"的大目标——虽然有时候会引得中国朋友和外国朋友大笑。

垃圾是当时生活环境中无法忽略的一部分。在我看来，人们并不把垃圾当作垃圾，或者说只是看作暂时的垃圾。它只是暂时被从个人、住宅或工厂那里丢弃，如同一种遗忘。没多长时间，就会有人把手或工具伸到垃圾桶里去翻找宝贝，重新用起来。拾破烂的人——学校的孩子们去翻找漂亮的香烟盒；驼背的捡废品的人衣着褴褛，推着带有小铁轮的小车到处捡金属和玻璃。中国人远早于美国人开始回收利用废品，但这主要是因为贫穷和生活所致，而不是由于环境意识。我们每天制造的垃圾主要包括餐厅残食桶里收集的残粪，还有不少废纸。宿舍前有个地方被我的芬兰同班同学佩尔蒂称为禅园，废纸会在那里被烧掉。佩尔蒂在回芬兰的前一晚喝醉了，由于回来太晚，他就在已经关闭的学校大门口睡了一晚。禅园是一个废墟，是我们花了很长时间从一个温室拆下来的砖木搭建的，一砖一瓦都仔细保存着。废墟里有我们那些烧了一半的垃圾，以及荧光灯管等其他东西，这是因为有一天在换完荧光灯之后，坏掉的灯管被电气师开心地随手扔到窗外。那是他自我表达的重要时刻之一，灯管摔到下面的废墟上。我的室友说他"扔得很流利，流利得使人吃惊"。虽然垃圾到处都是，但夜晚总是弥漫着复旦大学周围农田的泥土气息，也没有光污染。在复旦大学的晚上，可以看到整个银河，非常壮观。我非常喜欢这一景观，在美国除了偏远的乡村地区，是看不到银河的。

朋友与同学

怎样与中国人接触，是我们留学生中的一个主要话题。当时"文化大革命"刚刚结束，中国仍然限制国人和外国人的交往。外办限制我们只能和本院系的同学、老师来往。比如我，就只能和中文系的师生联系。此外，我们被期望只和 1977 级的学生在一起交流。如果我和一个政治系的学生交了朋友，他就会被批评，想再次见我也会被劝阻。然而，这种规定很难实行，我们倾向于忽视它。如果一个留学生有机会去拜访某个中国人的家，大家都会觉得那个人很幸运。

我和中国朋友们聊天的话题之一，就是他们从 60 年代末到来复旦大学之前的经历。我了解了当时常用的一些术语（如反革命、"黑五类"、知识青年、下乡等），现在人们已经很少说了。1980 年 5 月 16 日，我遇到一个男人，他告诉我在 1966 年的 9 月 4 日，他被带到"牛棚"，遭到反复殴打。他被禁止睡觉长达三天，被迫坦白，不仅要坦白自己的罪行，还要揭发其他人的问题。因为他不想指控、牵连他人，被迫不断反思。他说："你不得不假装崩溃，然后继续思考，想出一个办法屏蔽那些指控者的脸，让他们觉得他们胜利了。"同年 12 月他被带到监禁所，和 15 到 20 个人一起被关在一间房里，关了五年。他在那里感染了肺结核。最后他在联合国工作的连襟回到中国，想拜访他和他的家庭却联系不上，才得知他在监狱里。当时正好是尼克松总统访华期间,他被放了出来,比被关之前轻了五十磅。他告诉我那一天正好是刘少奇被平反的日子。

我当时不知道需要教给别人什么,但我总能从中国和那段生活中学到很多。这些"课程"有时只是观点,有时是对理念的解释和理解,有时是生活的不同方面,以及人们的经历。我到达上海的第二天就认识了我的老朋友之一,当时中文系的研究生王小盾。有一次我问他为什么现在中国的建筑这么丑,他大笑着立刻回道:"太美会犯错误。"1980年10月的一天,我和另一位姓姚的朋友在他的宿舍吃河蟹,姚教了我关于中国饮食文化的重要一课。他说,在"四人帮"被打倒前夕,螃蟹是北京人的最爱——因为螃蟹走路"横行霸道",人们故意买三只公蟹和一只母蟹。虽然这里我只用了寥寥数语来讲述这件事,但当时姚和其他人花了相当长的时间来解释,好让我彻底理解。他们一边讲一边教我怎么拆蟹、吃蟹和品蟹。

王小盾经常告诉我一些他觉得我应该知道的中国现状和中国近代史的事情。一天,他在我打盹时来找我,说着说着说到那天我觉得心情不好。他立刻运用他精准的分析得出结论,我的郁闷源于两个缘由:外界挫折或孤独。我说起那种伴随着孤独而来的空虚感，以及它怎样展现它的威力；说起我更年轻的时候，十六岁左右，就常常感受到这种空虚。他说在那个刚刚过去的时代，中国社会是不允许表达郁闷和空虚感这样的话语的。他特指的是作为下乡知识青年在公社劳动的那些年，每天从祝愿毛主席万寿无疆的仪式开始。他在一个信封的背面列出1968年到1971年他在公社时的日常，他说那是他一生中最快乐的几年——尽管也是最愚蠢、无知的几年，他补充道。与其他人，尤其是那些上海本地的学生相比，他看起来很糙，穿着旧衣服，脸庞像刚从乡村来的农民。他告诉我这些是在1980年的9月，这些我早该知道，但当时对我来说是种觉悟。

在复旦大学期间，我的朋友主要来自中文系1977级的本科生和研究生。这一级的学生被分给留学生做室友。数年后，他们中有一位被大家叫作"大老王"的男生告诉我，他们在成为我们的室友之前被下达了指令，需要向留办报告我们的动向，不允许给我们提供方便，以使我们能够跟自己的女朋友过夜。但"大老王"说，他没有做到这一点，他的加拿大室友要和女朋友过夜时，他会回中国学生的宿舍。他后来还告诉我,在70年代,中国人和外国人聊天时说话要遮掩很多。尽管隔了那么多年,我们还是有很多可聊的。想说的事情那么多,要花好几年才能真正了解彼此的情况。

虽然留学生有自己的宿舍和餐厅,但我还是选择在拥挤、混乱的中国学生餐厅,与中国学生一起吃午饭。大家在十一点三十分下课后立刻就向食堂冲去,好能排得靠前一点,买到会被迅速卖光的最好的菜。有时候甚至会为此打起来。最贵的菜是猪肝,两毛五一份,我也很喜欢。大家按"两"打米饭,女生一般二两或三两,男生半斤。米很难吃,但没多长时间我就能吃半斤了,这让我觉得颇为骄傲。但后来,我又没胃口吃它了。

跟他们一起吃完饭后,我经常到他们的宿舍去聊聊天,听他们聊天,看他们下象棋。他们的脸庞就像活的音符,每当看到就会让我觉得激动。我不会下象棋,但我发现这是一个能表现出不同个性的游戏。有人走了一步,就有人在旁边评论。那些评论都是对象棋世界中人事的细微观察。我记得有位同学在看到一个朋友走了一步后做出的评论,他说他心里不够踏实,那是我第一次学到"踏实"一词。可以说,这个评论体现了他们玩象棋的方式的本质。我常去听他们的中国文学史课程。有一天下课后我的室友老何跟我并肩走出教室,结果他脚下一滑差点滑倒。我开玩笑说:"要不是抓着我,你就倒了。你得感谢我没让你摔倒。"他回道:"但是如果我摔倒了,我就能把地板擦干净了。"不论何时,老何总能说出完美的评论。1981年放暑假的前几天,我们一群人在离开之前一起吃饭。喝的是黄酒——这是我最喜欢的中国酒之一,加了热的。老何喝多了,在快吃完时挪到一个吊扇下的座位上。直到我们注意到他时,他一直在发呆。一个女同学说:"傻了。"我们喊他的名字,他也没什么反应。暑假前的最后一晚,我去他们宿舍,从这间走到那间,直到再也没什么理由继续停留。有人说:"你好像有点难舍难分。"如同一个漫长的宴席最终结束,用明清小说常见的套话说,就是"天下无不散的宴席"。在他们许多人眼里,我只是一个书呆子。他们喜欢跟我开玩笑,这么称呼我,事实上也没什么不正确。

复旦生活

复旦大学给主修文学的留学生专门制定了课程。我们的主课老师是王水照和王国安。王水照是《唐诗选》的编注者（和余冠英合作），《唐诗选》我读了很多遍。王国安多年来和留办有密切的合作，直到他退休。自1981年离开上海后，每次我回上海都会去拜访他。在复旦大学我的主要研究目标简单而艰巨：尽可能多地阅读晚明及清初的小说，特别是那些鲜为人知的作品，即除了《三言》《二拍》《西游记》《水浒传》等名作之外的作品。我对比较冷门的小说与小说集很感兴趣，如《醒世姻缘传》《禅真逸史》《禅真后史》《欢喜冤家》《一片情》等。王国安安排我去赵景深家里拜访，他家住在上海市中心。赵先生亲切地接待了我，并对我读冷门小说的兴趣表示了肯定。他给了我很大的鼓励。不久，章培恒接见了我并帮我列了一张很有价值的书单。和这些学者的讨论是有限的，有两个方面的原因：一是拜访时比较拘谨，二是确实我的研究还处于初期阶段，而且所研究的课题是性别和性，在当时是难以讨论的。在复旦大学期间，我多次去北大读善本小说，经常一去就差不多两周。我做了详细的笔记，但是从没影印过任何东西。在那些笔记里我收集了很多信息，这些信息和我的博士论文中的一些想法、主题有关。后来在普林斯顿大学，我把它们写进了博士论文，我从中国归国后，1984年完成博士论文。这也是我的第一本书，1988年出版的《17世纪中国小说中的诱惑和克制》。

旅行经历

在上海的时候，一个很重要的部分是旅行。我经常去杭州、绍兴、南京和苏州。时间充裕的时候，我就去远一点的地方，如江西、山东、四川、东北等。通常，我的旅行不是去长城、故宫那种恢宏的地方。我的想法有点像流动的"守株待兔"：与其在一个地方等待良机，不如动一动碰运气。这种良机不一定得是那些恢宏壮丽的地方，人们说的事情，说话的方式，他们和我彼此间的联系方式，都很有意思。我真切地感受到了那些日子里人们的好客、健谈和喜欢交朋友。我旅行的另一个目标是选用比一般外国游客舒适度更低的方式旅行。我选择乘坐火车硬座或硬卧。住泰山脚下的便宜旅馆,是和爬泰山一样重要的事情。

许多朋友请我到他们家里做客,其中一次印象特别深的旅行是在1981年的春节。一个浙江农业大学的朋友老边,请我到他金华地区的家乡去过节。那时候,金华和他的老家浦江都不对外开放。1977年在台湾,我曾经去过一个中国朋友家里,那是台中附近的一个渔村。我住在一个台式风格的四合院里,和我朋友,还有他父亲睡同一张床,房子里没有抽水马桶和现代厨房。外国人不常来这里,但是来这里并不是不合法的,而去金华是犯法的。我们想尽办法,把我掩藏起来,即使是大白天气温不冷的时候,我也戴着大口罩。我们到达之前,我朋友把我带到一边,给我一些预警,他说:"中国人有好人也有坏人。"有些邻居是势利眼,喜欢找矛盾。这我得知道。然后他告诉我关于浴室的事情,因为在这里洗澡可能不像外国人习惯的那样方便。当时计划只告诉他的亲戚和关系近的朋友我是美国人,对外说我是个北方人。他们要严密地、小心翼翼地掩藏我。当时就算是在开放的城市,外国人在中国人家里过夜也不合法,除非他们是亲戚。

住在他家让我亲眼看到了中国人过的辛苦日子,

他们每天都在忍耐困苦。冬天很冷,那里没有暖气,洗浴也很困难。我必须得忘了美国人规律性的日常冲洗,除了手脚,那是最好洗的。因为这个机缘,我养成了热水泡脚的习惯,或偶尔用湿毛巾擦洗头发。一天早上起床前我发现床底有老鼠,我能够感觉到它在床脚爬来爬去。

吃饭的问题是这样的:因为我是稀客,一个远道而来的外国人来到外国人一般到不了的地方,这意味着我的碗一直是满的,就像我的酒杯一样,而且我没法掌控自己吃什么、吃多少。吃喝很有规矩:你只能在主座举杯的时候举杯;你喜欢哪盘菜也不能先动筷子,只有主座动筷子你才能动筷子。鸡是最高规格的菜,因此你不能一个人吃太多,别的同等规格的主菜也是如此。我知道了香烟的价值,吸烟意味着你可以放下你的筷子,暂时从吃里解放一下,这对于我这种不能吃太饱的人来说特别重要。在上海和同学一起吃饭就不存在这类问题。当你说你吃饱了,那就行。但是在农村就不一样了。我当时的日记里曾记着:这里的"客气"真是锋利的刀刃。尽管这是我人生中最好的经历之一,但是我不得不早点离开,我的胃已经因为暴食而不舒服了。

忘了是初几，我跟老边的家人一起去拜祖先。他们告诉我即便在"文化大革命"期间，人们还用蚊香替代香来敬祖先。我们走了很长的路去山里，把纸钱放在坟前，放完鞭炮，把香点起来。随后我们就去了一个朋友家里，进去就给我们吃鸡蛋。这是当地的风俗，我第一次去别人家也一样，进门就给吃鸡蛋。然后就有一顿全肉食的大餐，有羊肉、鸡肉、猪肉、鱼肉，还有家酿的米酒、荞麦水饺。我实在吃撑了的时候就请老边帮我吃完。席间人们进进出出，我想可能是因为人们没有认出我是个外国人。一次公社的党委书记来访并近距离观察我，但也没有说什么。我是个"北方佬"。最终也没有出什么事。最后我给他的朋友拍照，主要是年长的，一个接一个，他们大多摆出很严肃的表情，有些人认为这可能是他们死后留给子孙的遗照。我还保存着这些照片，把副本寄给了他们。

我们去得最偏僻的地方是老边的姐姐家，是山区的一个小生产队，只有七十人。这里的风俗更加简单而粗犷。食物也是全肉食，没有什么调味料。米酒从一个带狭长喷口的铅锡合金的罐子里倒出来，主人给每个人倒酒，除了他自己，客人的杯子一直是满的。他们大部分时候讲方言，因此我成了沉默的参与者。

户外厕所养着一只猪，我不敢使用，只好去别的地方。在多云的雾蒙蒙的清晨，我们走在小土路上，我给老边的姐夫和他的哥哥照了相。他们的姿势很自然，自在地站着，他们的帽子有点歪。他姐夫的哥哥带了一把用来割干草的镰刀，把割下来的干草铺在地上，因此我可以坐在上面，隔开那些湿土。从高处我们可以看见远处另一个山谷，那里是杭州地区了，那里一天有24小时供电，而这里一天只有6—9小时，通过石油燃料发电机供电。四周环绕着广袤的茶园，他们指给我看那里曾经有一个小寺庙。老边的表弟、表妹和我们一起，一个十岁的男孩和一个七岁的女孩，非常开心、活跃，他们不说普通话但能听懂。他们的手脏脏的，淌着鼻涕，嬉闹着，但不调皮。有一次，男孩在附近的梯田里大便，他没有带厕纸，我就和他开玩笑说，如果他让我拍照我就给他。后来我给了他厕纸但没有拍照。那会儿并不尴尬别扭，我们也成了朋友。有一天晚上，我们在楼上昏暗的灯光下聊天，我给他在纸上写了一些英语。我让他在我的日记本上写上他的名字，我也写上我的。然后我让他写他妹妹的名字和村子的名称。他很快就起身离开并用普通话吟诵我的名字，我听到的时候他已经跑到了楼下。不久他就满村子跑,大声喊"美国人",很快他被告知不许声张。老边说他会遵守的,他是一个很懂事的孩子。

这样的旅行让我更了解了离开上海、北京那样的大都市的一层又一层的生活。浦江人有城市户口。他们的房子里一般有一个方形的盖着玻璃的餐桌,玻璃下面压着家庭照片和一些彩色的或现代的东西,例如,瑞士手表的标签、外国杂志上的威士忌广告纸等。洗浴间是半私密的,从天花板挂下半透明的塑料,遮在一个户外风格的罐子前(不是抽水马桶)。房子里还有电视机、收音机、电唱机(当父亲的还想要一个录音机)。他们的粮食是用粮票买的。父亲曾经去外地见过世面,但是女人们还是像传统的农村人一样。她们端茶上菜,并远远地站着,偶尔微笑,但不讲话。老边提前告诉过我这种情况。他常常给我讲解,包括他的阶级背景。他母亲的父亲曾是国民党官员,在解放的时候被处决了,这意味着他一生都有那个"帽子"。农村则是城市生活之外的另一层景象。那里没有自来水,只有井水或泉水。做饭只能用柴火或煤炭。他们自产自吃,没有粮票。老边和我共享楼上的床。在大山里睡觉真是一件美事,夜晚,浓黑的夜幕里,我们能听到在梯田里流淌的水声。

五　到大陆去，上海印象

暑假，有几个1977级的同学请我去他们的家乡玩。1981年前后，我去过四川、山东、江西、辽宁、黑龙江和甘肃玩，常常待在朋友家，住朋友的房间。每一次都是宏伟的旅行。1981年夏天的第一场旅行是去东北，第一步是从上海坐船到大连。我和朋友买了五等舱的船票，铺位在船的底层，那是一个很大的，天花板特别低的房间，里面是一个挨一个的上下铺。第一个晚上空调机就不断地漏水，大家只得赶紧把搁在地上的东西拎起来。我的这位朋友就是曾讲过"心里不够踏实"的那个人。对我而言，相较于普通话是第二语言的上海人，他的东北口音是地道的北方普通话，带着我得学一辈子的声调。直到现在，我只在台北、上海这样的城市待过，当地方言和汉语普通话不大一样。他注意到我用毛巾和衬衫当枕头。因为船上不提供枕头，我只好发明一个简易枕头，但我可以弄得更好一点。像中国友人常做的那样，他引用一个成语劝谏我：高枕无忧，劝我试着想办法弄一个高一点的枕头。好像各种生活情景里都有类似的成语，但是我一直是个幼稚的门外汉，从没学到那些中国生活范儿。我把外套折叠了加上去，使枕头再高点。在逼近我的天花板上，留着人们写的字："永远记住你，上海。"或是,"浙江,永嘉县。"而墙上、天花板上的小蟑螂们,都投入在它们自己的"事业"中。

这次旅行结识的新朋友是两对从沈阳来的母女,两个小女孩和她们的妈妈。她们睡在我对面的床位。其中一个小女孩特别可爱,因为她的缘故,我给她们拍了照片,作为这个五等舱的留念。小女孩们跟着我满船跑,还爬到我的铺位上。其中一个瞄见我腿上的毛,碰了碰,十分惊讶,她妈妈和她说:"他是外国人。"她摇着头表示对她女儿的行为无可奈何。比较可爱的那个就拉着我的手,还抱了我一下,朝我微笑,很喜欢我。但是第二天早上赶着下船,我都没有来得及和她们说再见,真是可惜。

在这个时期,我喜欢像这样在多人间里睡觉,这也是当时我总是尝试找中国旅馆住的一个原因。"中国旅馆"意味着不对外国人开放,但其中有一些让我入住了。有一次在青岛,两个涉外旅馆都住满了,所以我只好找一个能接纳我的中国旅馆。我住在一个被称作"大房间"的房间里,那是一间有很多床位的多人间,当时一个四人间一晚需要两块钱。简直完美,那是一个四楼的房间,正好对着一间德国教堂的双尖塔,那是我从青岛港下船时就看见过的。我特别喜欢和火车上、旅馆里遇到的人聊天。这次遇到的两个人来自洛阳，都是采购员，一个是手表厂的经理，另一个是他的得力下属。他们开始没有认识到我是个外国人，但马上就反应过来，并开始问那些常见问题，例如，你老家在哪儿。洗漱完毕，准备睡觉的时候，我们互相敬烟，这是那时候的习惯。他们给了我一些河南大前门牌香烟，我给了他们一些三五牌香烟，外国烟。我们做了一次特别真诚的交谈，没有一点那种我一直在自我防范的某些知识分子身上所带有的虚伪。于是，对着教堂的尖顶，吹着由窗而入的微风，盖着我的蓝色衬衫，我度过了一个愉快的夜晚。不幸的是，第二天一早，我就被告知得离开这个旅馆，很可能是因为我住在这里有一些官方上的不便。我只好去住海员俱乐部。那会儿我对此感到特别不开心，有一种很大的挫败感。

快要离开上海的时候，我觉得中国将是我深深怀念的地方。相比在中国，美国的生活在一定程度上永远是琐碎而平淡的。回到美国后，最强烈的印象之一是美国的废弃物。车太多了，废弃物太多了，食品店里的垃圾食品太多了。1981年，回到普林斯顿大学，之后三年我在这里攻读我的博士学位，回来后我做了一些很好笑的事情。第一年，我故意把室内温度调成

13 摄氏度，就为了保留一点仿佛在中国南方室内生活的气息。我还是穿着中式的棉裤、棉袄。而一般美国人是把室内温度调到 21 摄氏度左右，甚至是 26 摄氏度。

最后一段日子，我常常和王小盾在一块儿，我常常和他交流一些关于中美差异、中国人和西方人差异的信息，仿佛存在着一个无形的测量仪在测量着他们之间的差异。有一天，我告诉他，外国人到中国特别难适应中国的厕所，外国人一般是单独上厕所，锁着盥洗室的门，不能让别人进去看着。美国人到了中国必须记得上厕所自己带厕纸，而且如果去公厕的话要适应和别人挨着一起大小便。他和我说："你知道乡下人怎么擦屁股吗？用瓦片！"他说外国人对屁股很重视。他和别人一样，喜欢提供给我一些简要的总结，例如，他告诉我中国人眼中的外国人就两种，一种是资本家，有钱，另一种是间谍。这种情况下，也不必完全当真，没什么实在的意义。在我走之前，他和我说："咱俩在一起的时光就到此为止了。"我最后一个晚上睡在他宿舍的空铺位上，早上，我们一起听我送给他的收音机，收音机里播放着古琴、二胡，非常美的音乐，但是特别悲伤，虽然旋律优美。我没有屈从于这种悲伤，因为它在这音乐里，在我身外。当这种跨越的时刻到来时，我想跳出所有的界限，片刻，以任何方式，至少那是我短暂的幻想。我走的那天有九个朋友来送别。老何第一个到我房间，一边进来，一边用他的男低音说："他不让我上来，他妈的。"说明门卫最开始不让他进来看我，但最终他进来了。王小盾和留办的一个人送我乘出租车去火车站。我们刚出发，留办的人问我是否带着毕业证，我没带。"停车！"我们赶紧停下来，他跑回去取。到火车站后他们送我上了火车。这是一个艰难的时刻，就像离开母亲、父亲、爱人和最好的朋友。

附录：

马克梦的来访

罗江南

我的朋友小盾在复旦大学攻读研究生。放寒假的时候，他带了一位叫马克梦的美国同学回南昌过春节。抵昌后，小盾兴致勃勃地告诉我，他打算带马克梦来我们家做客。我觉得这是一件很新鲜的事情,便欣然应允。

那天将近午时,马克梦在小盾的陪同下来到我们家。他不像我印象中的美国人那么傲气十足或充满罗曼蒂克的情调,而是穿着极为普通的夹克,戴一顶中国式的蓝色呢帽。为了免遭路人围观,他的脸上戴了一只大口罩,只露出两只炯炯有神的泛着蓝光的眼睛。

马克梦走进房间,热情地和我们握手,一边用不大流畅的中国话打招呼。当他把口罩摘下时,我发现他是个十分英俊的青年人。

据小盾介绍,马克梦来中国旨在专攻中国明清文学,学成之后回美国参加文学博士考试。为了搞研究,他通过种种途径搜罗了一些目前不易找到的明清文学作品,并且发愤钻研,写出了一些具有一定价值的学术论文。据小盾说,马克梦经常利用空隙时间深入到中国各地搞民俗调查。他认为要在中国明清文学研究方面有所成就,首先应该是个"中国通"。

随后,马克梦通过小盾做翻译,谈及他家庭的情况。马克梦是美国印第安纳州人,父亲早年去世,母亲在一所大学任教,兼一家报馆的编辑。他是独生子,母亲十分疼爱。到中国后,母亲每天从西半球的美国给他打来"超长途电话",询问他的学习和生活情况。当我们问及美国人的生活情况时,马克梦的言谈中流露出对资本主义生活方式的抵触情绪。他厌恶那种放荡不羁、醉生梦死的生活,尽管美国社会已经达到高度的物质文明。他转而谈到对中国的印象。马克梦说他很欣赏中国人勤劳质朴的品格,习惯于中国人简朴的生活方式。

餐桌上罩了酱红色的绒布,上面摆着我们早已准备好的糕点和水果。马克梦欣然一一品尝着,然后他离开桌位,饶有兴趣地看几个书橱里的书,欣赏墙上的字画。接着又继续着先前的交谈。马克梦说,他在中国结交了很多朋友,还带有几分自豪地告诉我们,曾被邀请参加电影《第二次握手》的拍摄,在影片中充当了在机场采访丁洁琼的外国记者。他认为这是一件极有意义的事情。马克梦向我们透露了渴望在中国工作,给中国人教英语的愿望,这说明他对中国的感情是多么深厚!

我们忽然想起给马克梦录音,作为他来我们家访问的留念。母亲找来一本美国作家马克·吐温的英文版的小说《金银岛》,请他朗读一小段。马克梦爽快地答应了我们的要求。可惜他那天正患感冒,嗓子有些嘶哑。然而他还是很认真地念，念得那么流利，那么绘声绘色，好像已经进入到小说的情境里去了。

马克梦要告辞了，我们和他依依惜别。出门前他照例没忘记戴上那只大口罩。走出楼门，才知道马克梦是骑单车来的。看到他骑上单车时的背影，我忽然觉得，他像一个普通的中国公民。

当我撰写此文的时候，马克梦已学成回国。我常常思念这位英俊而敦厚的异国朋友。他的那段珍贵的录音我至今还保存着。每次听他的录音，就会联想起他读英文小说时的那种神态，仿佛他就坐在我们身边。有一天，父亲说，那天如果给马克梦录上几句中国话就更有意思了，说得我们都感到这是一种遗憾。然而，我随后又想，这"过失"是能够弥补的。因为他以后会如愿以偿地来中国工作，他是真正热爱中国的美国人。我相信，我们还会有见面的机会的。

（后记：这篇散文大概写于1986年。当时还不是完全开放的年代，外国人到家里来做客还是比较新鲜的事情。因而就有了文中两次提到的，马克梦为"免遭围观"而戴上一只很大的口罩的细节。文章完成后，我寄了一份给小盾，请他转给已回美国的马克梦。小盾来信说，会很快将此文寄给马克梦，并告知马克梦回美国后在堪萨斯大学任教。由于种种原因，马克梦当年的录音磁带没能保留下来，的确是件很遗憾的事情。顺便说明一下，文中的小盾就是当下我国著名文化学者王小盾。据说当年他下放劳动时在牛背上学英语，在路灯下备考，并创造了很多有效的学习方法，成才之路充满传奇色彩。)

六 燕园生活琐记

迄今每年去中国,去北京,都是令我振奋的一件事。20世纪80年代时每次到中国,还都会到上海去看看复旦大学的师友,但渐渐地,则几乎都是在北京停留了。我到北京,主要是到北京大学,在美丽的燕园访书访友。这里有我做研究所必须翻阅的明清小说,有马隅卿的珍贵藏品,也有可以交换意见、谈天说地的朋友。我在北大的经历可大致分为两个阶段:第一阶段是1985—1986年,及至1991年,凭着美中文化交流委员会的基金做访问学者;第二阶段是1991年之后至今每年一次的美中往来。1986—1991年,我每年都会到北大待两个月左右。1991年，我在北京认识了我的爱人，我们在北京开始恋爱。当时她已有两个女儿。恋爱两年后，我们于1993年结婚，她们于1995年从艾奥瓦州搬到堪萨斯同我一起住。因此，从1991年之后，因为要照顾家里，我在中国的时间相对缩短，但每年也会待两三个礼拜。

我于1985年秋第一次到北京大学做访问学者。之前一年，1984年春，我拿到博士学位，开始在堪萨斯大学工作。生平头一次给大学生上课，人生职业化的道路由此开始。因此，我1985年到北大时，身份及心理已跟以前来中国时很不一样，这对我也是一个新的开始。当时我住在靠近北大西门的勺园，4号楼4层，最西边的房间。刚搬进来时，还不懂4号楼跟1、2、3号诸楼的不同。4号楼看门的人绝对是晚上十一点准时关门，晚于十一点就得把他叫醒，而1、2、3号楼则可以随时进出，比较开放。当时4号楼4层住的多半是美国人，都比我年轻，我是唯一的访问学者。以后认识的最好的朋友，都是从欧洲来的，也有苏联的，他们都不住在4号楼，而是住1、2、3号楼。我那时常常到他们那里玩儿、闲聊。他们大部分是这么一个样子：刚到北京大学的外国留学生一般不懂中国的教育制度，对于高考，以及中国学生都必须考上某个系才能被录取，甚至连高中都得考……像这些都根本不了解。这些制度在1979年刚恢复不久，之前工农兵学员的试验已被放弃。当时外国学生中有一小部分是本科生，尤其是从南斯拉夫来的学生，我也认识不少，还有非洲国家派来念研究生的，我认识的一位，现在已是埃塞俄比亚的总统。其他欧洲、北美，以及澳大利亚等国家的留学生能到北大上课，一般则只有一个简单条件：申请学习汉语，而课程也几乎是专门给他们设计的，很少跟北大本科生一起上。当然他们还得有一定的水平，可是大部分肯定不如北大的学生那么能干，来北大之前绝对没有过如北大学生那般长年苦读的经历，也没有对未来做好准备。直到今天，这些现象也都一直如此，是一个特别的文化及社会现象。

在北大时的证件

20世纪80年代的北京,现在回想起来,还真有那个时代的独特感受,只是今天的人不一定理解。例如,第一,洗衣服得自己手洗,每天都得洗,要不然脏衣服就会堆起来,到洗的时候无形中就增加了负担。当时的洗手间有那种很大很长的水池子,得把衣服泡在脸盆里等一等,然后冲洗,回到屋子里挂起来晾着。没有空调,没有电风扇,开着窗户就好了,热一点就用扇子。直到现在我还喜欢用东方式的扇子。第二种享受是在食堂吃饭。勺园那时候的食堂现在已经拆了,又盖了新的。当时的食堂屋顶很高,是一个大厅,没有现在的二层。1985年时食堂师傅还有几个是从以前的留学生食堂过来的。以前留学生住在25、26号楼,那个时代我常从复旦大学跑到北大,跟朋友挤住在留学生男生宿舍里,记得留学生食堂的菜尤其西餐还不错,比复旦大学要好,1985年时仍然好吃。记得当时我跟一位勺园食堂的师傅说:"我还记得你。"他说:"那太遥远了!"他性格豪爽,让人喜欢,但已不记得我。我以前不是常住,他印象不深是自然的。那会儿的食堂是个好地方,也是时常聚会的地方,每天都会有朋友一起吃饭,尤其我认识的几个意大利朋友,其中一位在意大利那不勒斯的一所大学任教,到现在都还保持联系。当时食堂中有几个菜做得非常好，尤其是鸡腿，那时我总要两份。1991年跟我爱人开始谈恋爱时，她还老是嘲笑我这么吃，到现在她都还记得。

那时的第三种享受是骑自行车，全北京到处跑。我的一位复旦大学老同学住在东城区人民日报社附近，我有时会骑车去看他。我们都没有电话，有过一两次花一个多小时的时间跨过几乎整个北京，到了他的住处他却不在的经历，那时只好往回骑。4号楼当时只有一部电话，在楼长师傅那里。一般来说，最好当作没有电话一样，不要依赖它。要约会就写信，或者老早约好时间、地点，不见不散，最起码到了约定的地方会在一小时以内死等。

这些对欧美留学生都是新鲜及要学的事，属于另外一种非语言课的教育。我们都要学会如何在一个没有洗衣机、没有电风扇或空调、不通电话的地方生活。之外零零碎碎的享受还有：马蹄的声音、那种老的靠烧煤做运输动力的火车头的声音（五道口就有）、未名湖周围知了的叫声、热天时坐在勺园楼前看着蝙蝠高高低低飞来飞去。还有一次骑自行车，拐弯时突然看见一辆卡车，上面躺着许多骆驼，因为是冬天，它们呼吸的白气飘流而上……

1979年到1981年那段时间，大家穿的都是中山装，有色彩的衣服几乎没有。在美国穿红色衬衫很正常，在中国则会引人注目，让人觉得最好不穿。朋友会说："噢，你穿得很花！"这意味着你有点不正常。但他们这么说时，一点看不起的意思都没有，只是表示你有点不一样，而且一样可能比不一样好一点。到了1985年，虽然大多数人还是穿中山装，但已有很多人穿带花纹或文字的T恤衫、牛仔裤以及西装。总之一切都在变。

1979年到1981年我在上海时，还未经历过多少事情，是个毛头小伙；1985年到北大时，我已开始有一份正式的工作，世事渐明。所有复旦大学的老同学都有了工作，并且都被分配到相当好的单位：报社、出版社、大学，等等。还有让我更吃惊的，他们都结了婚，而那时结婚对我还是一个很遥远、令我想不通的东西。有一位在复旦大学做研究生的同学曾暗示说我好像对人生不够认真，不够实际。他说了一句话："马克梦交朋友是为了感情。"1985年我抵达北京后，随即去成都看我之前在复旦大学的室友老何。在那些日子里，无论我到哪里，首先都会发一封电报给住在那个城市里的朋友。这意味着我必须知道去哪里找到邮局及如何编写恰如其分的中文电报。对此，我颇有点小骄傲，尽管它并不难。老何当时在火车站接我时，见面的第一个问题，还是一如既往地问："奢侈派，还是艰苦派？"这是我们老早以前发明的专门术语，意思是说你要住得舒服一点，跟外宾一样；还是要跟我们普通人民一样。很多年前我跟复旦大学同学一起吃饭时常开的一个玩笑是："马克梦来了，今天是艰苦派。"这是因为留学生楼有自己的食堂，菜丰盛一点，环境干净一点，人又少很多。到了成都，我还是非常愿意住在老何的住处。他有一个双层铺，还有另外一个莫名其妙的人住在另一间。这样就让我觉得荣幸、真实，更能体会朋友的生活，更能和他坦白地交流。

勺园4号楼外是一片工地，尘土飞扬，现在早已没有了。勺园当时是新盖的，原先留学生住的25号楼、26号楼已让给北大人自己住了。4号楼的5层给一些中国人住，好像是原来住在附近的人，因盖勺园时得拆他们的房子，因此让他们临时住在这里。其中有一个小男孩，经常找我玩，但之后找我找得有点频繁，老缠着我，让人有点烦。后来搬走了，不知去向。他曾说过一句让我至今难忘的话，他的父亲和他说，有些没有道理的事情最好不要想得太多。小男孩回答说:"可是我还是会去想。"

1985年到1991年,我在北大认识了许多新朋友,如来自法兰西的学者魏立德(François Wildt)、美国杜克大学马克思主义思想家Frederic Jameson、北京大学中文系教授李零、北京大学历史地理学教授唐晓峰

我与魏立德在巴黎

（他那时还没有去美国念学位），及当时还是北京大学中文系本科生的张旭东，以及中国人民大学性学专家潘绥铭。另外还有许多北京与上海的学者、作家，最有名的作家是三位"朦胧诗人"：芒克、多多、杨炼。

因为在1985年到1986年交了这么多好朋友，所以我在之后每年的暑假都会到中国来，1987年、1988年、1989年、1990年，年年如此。当时幸亏魏立德还在，常常一起进城逛琉璃厂书店，在回来的路

1987年在昆仑山脉的长途汽车站

上则去人民饭店西餐馆吃西餐聊天，之后返回北大。那时候有所谓的面包车，一坐上去有时得等它坐满了人才能走，但比普通公交车要快，现在那种车已经看不到了。

1991年我两度来到北大，3月至7月，10月至11月。3月至7月时我住在勺园1号楼二层单人间。我迄今都非常喜欢那样的房间，每天用抹布、一盆水把地板擦洗得干干净净。隔着窗子可以看到5号楼一层的大门，每天一大早那里的楼长师傅会出来扫地、擤

1991年在勺园1号楼

1991年李零和我在勺园

鼻子,每天都是一样的声音。当时主要的计划是看书,尽量看更多的明清小说与讨论小说的学术著作。北大教授沈天佑先生帮我借到北大善本书阅览室里的一个单独的阅读间,他当时已去了意大利,但还是帮我联系使用图书室的事,对此我迄今都铭心感激。在那里,我读了许多版本罕见的明清小说,开始准备写我的下一本书即后来的《吝啬鬼、泼妇、一夫多妻者:18世纪中国小说中的性与男女关系》。此书1995年在杜克大学出版社出版,后来李零帮我联系,有了中文版,于2001年在人民文学出版社出版。我手头迄今还有一张我和李零在我的房间里聊天的照片。

1991年,对于我也是非常重要的一年。我前面说过,我在这一年认识了我的爱人Deborah Peterson,我们一见如故,开始了漫长的恋爱。她是美国人,也生活在中西部,和我一样是美中文化交流委员会的访问学者,研究新石器时代的中国,她那时在古脊椎动物与古人类研究所。中国的朋友一听我和爱人是在北大认识的,都会问:"她是中国人吗?""不,她是芬兰血统会讲汉语的美国人。"我们于4月第一次见面,当时大家在一起讨论关于他们研究成果的报道。但那时候彼此并没有留下印象,散会后一点联系都没有。直到7月时她搬到勺园,我们在食堂吃饭的时候碰到,开始一起聊天,很快就熟络了起来,几个星期内,就彼此认定是可以结婚的对象。那时候加州大学伯克利分校有一位西如谷教授(Steve West),和他当时的夫

1991年我和爱人在北大认识

人住在北招。星期天我们常常和他们去香格里拉大饭店吃早餐。我和爱人经常一起骑自行车,骑自行车也是我们谈恋爱的机会。也有好几次我们骑到西直门地铁站,乘地铁进城逛街买东西,回来的路上有一家面馆,我们经常到那里吃了午饭,然后再乘地铁回西直门,再骑自行车回北大。因为认识她以前已经计划好了要去甘肃,于是我跟一个甘肃的朋友坐火车去了兰州,坐了两天硬卧(我还有坐车的照片)。可是在火车启动的刹那,忽然有一种很后悔的感觉。当时觉得我这是怎么了,一般来说,我非常喜欢这样的旅游,每

六　燕园生活琐记 | 075

1991年夏从兰州返京

次出门都很期待,但这次则完全被相思笼罩了。后来到了兰州,就决定立即返回北京。我的朋友非常失望但也理解,于是他回了他的家,我赶快买票,发了电报给她,回北京。很有意思的是,车到北京,即看见她在车站接我。我们俩都生病发烧,她给香港的一个当医生的朋友打电话问我应该吃什么药。那位医生推荐了一种抗生素,于是我们一起到五道口当时还在的一家百货商店去买。——这在美国是不可思议的,抗生素按照法律只有医院许可才能买,我们竟如此随意买随意吃,当然几天之内即双双好了。

8月我回堪萨斯，她在北京继续她的研究。那年秋天恰好没有我要教的课，我一个人在堪萨斯看书、写文章，每天花3—4小时在乡下骑自行车，不时还在思考我到底是否要和她结婚。再三思考后，我终于做了一个很大的决定，下决心再次去北京看她。母亲、朋友都很吃惊，那年我39岁，一直单身，突然决定结婚，这对他们来说都非常惊讶。潘绥铭听到后有点失望，他以为我会一直把单身的旗帜扛下去呢。

附记：

每次踏进燕园，我都会有这样一个感觉：北大可谓见证了我从早期连博士论文题目都还不清楚的一个研究生，到现在居然时常被邀请在北大中文系、汉学家研修基地进行中国文学、文化主题演讲的一名外籍教授的一个漫长过程。每次在中国演讲，我总会有点紧张与拘谨，拿不准到底应该说什么不说什么，用什么视角，强调什么，等等，而且老在想为什么我这个汉语远远不如他们的人在这儿跟他们讲中国文学、文化，这不是闹笑话吗。我如果有长处，也应是给美国学生委婉地、有条有理地讲述有关中国文化历史的知识。美国很大，尤其中部的学生好像受浓厚的地域与社会的先决条件的影响与整个世界隔绝了，因此一定要把这些被隔绝、隔阂的脑袋打开，让他们惊讶一点，谦虚一点。除历史与文学方面的知识外，我也一直穿插关于中国现当代日常生活方面的事情，尤其从抗日战争到"文化大革命"结束后的这段苦日子。目前老拿着智能手机的年轻人需要有脑子、还没有被智能手机所吃掉的比他们老一点的人给他们讲过去的事情、外面的世界。我老劝他们赶快跟他们家里的长辈们进行访谈式的谈话，不管是什么样的生活背景，一定要尊敬他们和他们的过去，对他们做过什么、见过什么都要萌生兴趣。待这些长者有一天仙去之后，就永远失去了宝贵的"历史与人生材料"。当然爷爷奶奶公公婆婆不是研究对象，不要像做人类学或社会学调查的人那样，但听听他们的故事，让他们知道你愿意倾听，在他们也是非常高兴的。听了写点笔记也好。我对我外祖母也是如此——她1889年在意大利出生，小时候在意大利曾见过留大辫子的中国人（有趣的是她虽然知道我学汉语，却表示不喜欢中国菜，大概太习惯她自己做的意大利菜了，但她做得确实好吃，都是原始材料做的，一般拒绝用加工食品）。另外我对我台湾的老朋友、退伍老兵老宋也是如此，我陆续写了三十多年的口述笔记，终于写成一篇《老宋传》。我对第二次世界大战期间从法国步行到捷克的岳父也是如此，他是排长，得管他自己的手下，打过不知道多少次苦战，见过不知道多少战友死亡。在北大，我也是抱着一样的态度，无论跟谁在一起都是乐趣，希望多和他们聊聊，听他们表述自己，说说亲身经历，表达内心的感情与思想。这也让我通常比与美国人交流更能表达我自己的内心感受与思想。1979年我第一次到中国，来之前别人老说"他们不敢也不肯跟你说坦白的话"。谁知道，相处之后，马上一点隔阂都没有了，我一直觉得我们见了面就能信口开河，要说的话比有时间能说的要多得多！简直没有办法把所有的心里话都说出来。到现在还在赶时间，说说说，没完没了。

七　明清小说与中国传统社会

　　我在普林斯顿大学的时候，开始了对中国小说的研究。我迄今都认为，小说事实上比儒、道、释的"道"和二十四史，更能反映中国文化。在这个领域，我迄今出版的著作有《17世纪中国小说中的诱惑和克制》(*Causality and Containment in Seventeenth-century Chinese Fiction*, Monographies du T'oung Pao, vol. XV, E. J. Brill, 1988)、《吝啬鬼、泼妇、一夫多妻者：18世纪中国小说中的性与男女关系》(*Misers, Shrews, and Polygamists, Sexuality and Male-Female Relations in Eighteenth-century Chinese Fiction*, Duke University

Press，1995）、《财神爷的陨落：19世纪中国的抽鸦片》(*The Fall of the God of Money,* Rowman & Littlefield Publishers, Inc., 2002)、《多妻与多情：现代中国前夕的性相结构》(*Polygamy and Sublime Passion: Sexuality in China on the Verge of Modernity,* Honolulu：University of Hawaii Press，2010)，以及最近刚出版的《牝鸡无晨：中国历代后妃制度（汉至辽）》(*Women Shall Not Rule: Imperial Wives and Concubines in China from Han to Liao,* 2013)、《后宫：中国历代后妃制度（宋至清）》(*Celestial Women: Imperal Wives and Concubines in China from Song to Qing,* 2016)。

迄今为止，只有第二本被译成了中文，即《吝啬鬼、泼妇、一夫多妻者：18世纪中国小说中的性与男女关系》，由人民文学出版社2001年印行。在这本书的前言里，我写道："这本书的写作历经多年始告完成，陈毓罴、李零、潘绥铭、沈天佑、孙逊、郁颂庆以及法兰考斯·威尔德特（Francois Wildt，或译作魏立德）与我的爱人Deborah Peterson对我的帮助和鼓舞最大。其他一些朋友披览或评论过本书的部分章节，对此我将在适当的位置予以注明。三位姓名不详的读者就书中的欠缺提出过意见，并指出若干错误，提供了一些补充材料。北京大学外事办公室的工作人员曾经三次（每次时间都很长）为我提供舒适而又经济的看书环境。来自非洲、欧洲和北美的其他外国学生和学者在此期间为我所做的一切令我终生难忘。"

我这几部书都延续了一个思路，即通过对明清小说的研究，来分析现代前夕的中国，特别是遭遇大的社会变革下，时代主题与性别结构的相应之变，文学文本的脉络化。如在《吝啬鬼、泼妇、一夫多妻者：18世纪中国小说中的性与男女关系》中，我提出了"吝啬鬼""泼妇""一夫多妻者"三种类型，借助这三种分类来分析中国色情小说中的性和男女关系。"吝啬鬼"虽然出现在书名之首，在书中实际上几乎只是附带地被谈到。"吝啬鬼"在概念上是借助其作为男女关系中禁欲主义的代表（当然，我也谈到了小说中一些通常意义上的吝啬鬼形象）。至于"泼妇"，几乎集男性心目中所有女性恶德之大成。"泼妇是恶女人的代名词，她企图利用性的力量制服男人，这种力量包括向男人泼撒媚术、窃取男人的阳精。"但"泼妇"在下意识里寻求现代意义上的男女平等，希望自己也可以同男人一样去找别的男人，当然尽管"多数泼妇只要求丈夫不纳妾而已"——那就是"妒"，而"妒"又经常和"悍"联系在一起。但按我的理解,"泼妇"即使反对丈夫纳妾,也和禁欲主义毫无共通之处。你要知道,"泼妇对贞节痛恨之至","吝啬鬼"与"泼妇",是一对"欢喜冤家"。

在各用一章谈过"吝啬鬼"和"泼妇"之后,我将全书后面的十章,全部用于对"一夫多妻者"的分析和讨论。这些讨论涉及的小说有近二十部,倒也并非全是色情小说,不过我的兴趣依然集中在这些小说中性和男女关系的内容上。我将这些小说中的一夫多妻情形,区分为不同的类型,比如"纯情的佳人才子""女超人""色情化的才子佳人""纯情的一夫多妻""妻妾贤淑超群,丈夫浪荡不羁""浪子和妓女""乐善好施的一夫多妻者与性快乐的归化""淫乱的一夫多妻",等等。比较详细分析的长篇小说有《野叟曝言》《红楼梦》《林兰香》《歧路灯》《绿野仙踪》《蜃楼志》《儿女英雄传》,以及《春灯谜史》之类的纯色情小说,和《绣屏缘》之类的准色情小说。一夫多妻世界的种种情景——真实的或虚构的,都希望在笔下得到观照。一夫多妻现象是一个在许多文化中都存在的重要问题,它表现为众多的形式,是世上男人和女人之间最棘手和最令人困惑的矛盾之一。我希望通过分析一夫多妻世界,从而研究中国17—19世纪色情小说中的世界。一夫多妻是中华帝国时期最重要的性别关系结构,是具有主宰性的性相结构。当中华帝国接近尾声时,这样的一夫多妻形态在明清小说中,就跟鸦片与缠足一样,成为濒临绝种的文化认同的一个象征。这时,关于情感与性究竟为何的概念就开始改变了。我要描述的正是这样一种性相结构的转变过程。

这本书问世后,大陆的江晓原、李零等先生都前后写有书评或读后记,华东师范大学有一位研究生,更是据以作为他的硕士学位论文(何玉潇《对马克梦〈吝啬鬼、泼妇、一夫多妻者〉的研究》,华东师范大学,2010年)。迄今在我,都愧不敢当。李零在他文章里说:"我想就马克梦的第二本书说两句话。这本书和他的第一本书一样,也是讨论广义的'男女之事'。我国的'男女'有双重含义,不光指男女交接之术的'性'(sexuality),也指性别研究的'性'(gender),以及两性之间的关系(male-female relations)。'性'是日本人选用的怪词,不能曲尽其妙,还易滋生误解。此书是研究18世纪中国小说中的 sexuality and male-female relations,题目很清楚。""和马克梦的第一本书相比,这本书为'男女之事'赋予了更多的社会含义。虽然他是通过文学来透视社会,他所透视的只是社会金字塔的顶尖部分。"并进一步说:

>《吝啬鬼、泼妇、一夫多妻者:18 世纪中国小说中的性与男女关系》,现有中文译本(王维东、杨彩霞译,戴联斌校,人民文学出版社,2001 年)。戴联斌邀我写书评,我没写。我从来不写书评,只写读书笔记、读书感想。后来,江晓原教授写了,登在《书城》2002 年第 9 期,请参看。这里,我想说点我自己的感想。首先,我要说明的是,它并不是《17 世纪中国小说中的诱惑和克制》的续篇,虽然两者讨论的对象在时间上是前后相接的。1990—1992 年,马克梦翻译过我论马王堆房中术的文章,并且经共同讨论,加以改写,最后联名发表于 *Early China* 的第 17 期。我知道,他对中国古代的房中术,对色情小说中的床笫之欢,兴趣未曾或减。但在他的新书中,我们不难发现,他已突破了"性张力"的概念。他更关心的已经不

是 sexuality，而是 gender，并把 sexuality 和 gender 纳入了更大的话题。

……

此书选择的讨论对象是中国的一夫多妻制，即明清小说中经常描写的中国上层社会的家庭。这种家庭结构下的男女角色，男性家长和他的妻妾，还有这些妻妾的孩子，夫与妇，妻与妾，父与子，母与子，以及他们之间的各种三角关系。他有一个很有启发的总结：假如一个男性家长，他处于一夫多妻制家庭的顶端，如果不能量入为出，过分慷慨和挥霍自己的精气神，还有感情和金钱，则他的妻妾必然是泼妇，小孩必然是败家子，家庭必败。反之，家庭才能安定团结，维持不坠。我记得，有一次，我跟他提起，东汉方士甘始、东郭延年和封君达"率能行容成御妇人术，或饮小便，或自倒悬，爱啬精气，不极视大言"（《后汉书·方术列传》），他对"爱啬精气"四个字连声称妙，并且开玩笑说，他自己就是吝啬鬼。

《多妻与多情：现代中国前夕的性相结构》延续了《吝啬鬼、泼妇、一夫多妻者：18世纪中国小说中的性与男女关系》一书当中对于"一夫多妻"性相结构（polygamous sexual regime）的关注，以及之前所运用的精神分析、女性批评理论等视角。我希望通过对19世纪中国小说的分析，探讨中国一夫多妻的性别政治是如何在19世纪遭遇结构性的转变的。

章节安排上，该书的导论，我首先解释了援引拉康"精神分析理论"的理由，并且说明拉康的四种话语的概念，启发了我选择以小说中的奇女子及其男伴作为分析性相结构的主要对象。文本的具体讨论上，则以历史的原则，将该书分为三个主要部分。第一章分析晚明到清初的小说，第二章分析清中叶的小说，第三章至第八章则讨论从鸦片战争（1839—1842）开始一直到清末的小说。我首先从《红楼梦》续书对小说结局的改写为起点，具体分析典型的"真情"与"被动的一夫多妻"叙事之间的张力。借以提出关于续书的理论思考：续书所要表现出的怀旧是一种精神模式，它让续书的作者与读者能够再次看见已失落的纯真。为了重见那失落的纯真，续书相应地除去包括生死、男女、悲喜等不可逾越的差距，使得差距之间的分界变得既具渗透性又是可逾越的。在这个理论基础上，我试图告诉读者整个19世纪的《红楼梦》接受过程是把"情"予"去极端化"，淡化宝玉与黛玉之间"真情"的一个美学倾向，并且为《红楼梦》中无法解决的关系提出实际的解决方案。具体来说，就是《红楼梦》的续书，例如《绮楼重梦》与《红楼幻梦》，试着修改引起《红楼梦》悲剧结局的各个人物，并且以"一夫多妻"的方式解决小说原作中三位主角的爱情命运。其典型的修改方式就是让宝玉同时娶了黛玉和宝钗以及众多女性，成了一位成功而有德行的多妻者。

接下来，我延续对"情"的美学的讨论，试图具有说服力地将男人与名妓／名旦之间超脱俗世的真情，置放于鸦片战争的历史脉络下加以阅读。经过思考，我选择了被视为上海娼妓小说先声的《风月梦》，以及描写同性之间真情的《品花宝鉴》作为分析对象。我认为，虽然战乱与官僚腐败等国家层面的问题并没有明显地出现在这些作品中，但我们还是可以用见微知著的方式读出这些作品的历史意义及背后层面。单单是出现在这些作品中的吸食鸦片情景，就可以被视为了解鸦片战争之后整个社会情境的线索。我据以指出，在《风月梦》中，吸食鸦片是一种衰落与解体的迹象，是区分那些因吸食而堕落与因拒绝吸食而纯洁清醒的人格特质的重要指标。而这在以叙情为重点的《品花宝鉴》中更是如此。《品花宝鉴》中的干旦（唱小旦的男子）是整个堕落时代中最极端的真情的体现，而《品花宝鉴》所强调的情的浪漫意识形态，则是保证人们在面对政治与文化危机时的一种强健的伦理姿态。

在我看来，如果说《品花宝鉴》与《风月梦》最多只是对吸食鸦片的习惯提出批评，那么《花月痕》则是直接地将文人与妓女之间的真爱，与太平天国这个重大的历史事实进行了联结。小说将温柔多情的失志才子与冷傲高洁却沦落风尘的妓女之间的爱情故事，放在了当时的文化危机脉络当中，让一群真心相爱的文人与妓女们，带头迎击威胁帝国秩序的太平天国及其所代表的源于外国的宗教信仰。情人的勇气与道德成为文化精髓的代表及文化重生的关键。在我的阅读中，《花月痕》存在着一个爱情的命运与帝国的命运之间的寓言式平行结构。我同时也注意到，这样的情感正类似晚明遗民情侣之间的强烈情爱。晚明或晚清的名妓，不管是真实存在或者是虚构，都在社会动荡的大时代下扮演着特别重要的角色（或赋予的意义）。妓院成为男人逃离动乱的避难所，也是提供战斗力量与求生意志的来源，结合了柔软情调与面临灾难而献身的道德英雄气概。对妓院中的才子与妓女来说，为爱情而牺牲，同为朝廷而牺牲是分不开的，而这也使得爱情与帝国结合成为一个历史象征的整体。

相对于上面所讨论到的情的美学以及奇女子的能动性，我在谈《青楼梦》与《儿女英雄传》时，则反面强调"被动的一夫多妻"关系中那位被女人所宠爱与照顾、如同长不大的小孩的男人的被动性。在1878年成书的《青楼梦》当中，我们看见男主角几乎是毫无羞耻地奉承女人，并且极力地顺从女人的要求。然而，如我所指出的，男主角对女人的奉承只是表面上的顺从。他的被动与顺从实际上显示了一种相当世故的对于女性的应付态度。男主角是一个精明、爱撒娇、孩子气般的成年男子。这种貌似纯真无害的油滑，让他成为妓院中最吃得开的"老手"。另一个我所挑选的"被动的一夫多妻制"的例子，是与《青楼梦》同一时期成书的《儿女英雄传》。满族作家文康的《儿女英雄传》当中安排了两位有才干又聪慧的妻子，和一位被溺爱、只懂得读书的丈夫。两位妻子共同管理整个家庭的事务与伦理关系运作，并且在其中展现出高超的能力与自信。小说中处于经济危机的家庭是被有才干的女性所拯救并领导，说明了原本男性所领导的世界实际正处于危机当中。这样的安排其实是承认了男人的无能与苍白，以及男人同意将决定事务的权力让渡给女性。"被动的一夫多妻关系"的重点在于，男人把他希望达成的目标交给女人来完成，因此将能动性让渡给了女人。但是，这种能动性只是表面上的或者不完全的，因为它仍然是为了替男人实现将一群女人聚集在一个家庭中的传统目的而服务的。然而，从另一方面来说，虽然小说所要传达的道德训示与传统的父权家庭价值是合拍的，但是传达这样讯息的主体，却是一夫多妻关系中的妻子而非男性。

当19世纪即将结束，西方文明价值观念的引入开始点燃了人们对于一夫多妻的质疑时，性别关系的想象是如何在小说叙事中被表达的呢？我读这些小说时，认为大约从19世纪90年代开始，以男性衰弱时代中的奇女子为典型的一夫多妻形态已经逐步从小说中消失了。相对地，一种完全能够将所谓的风流才子看透，并且将之玩弄于股掌之中的新女性——"精明狡诈的上海妓女"——渐渐出现。我在书的最后讨论了19世纪90年代到20世纪初期的上海娼妓小说，分别是《海上花列传》《海上尘天影》，以及《九尾龟》。我认为，在这当中只有《海上尘天影》保留着过去一夫多妻小说叙事中妓院的些许氛围及文化意义；在其他两部小说中，则是完全被上海都市商业文化所取代。在韩邦庆的《海上花列传》当中，那些自许为风流才子，却陷溺于与妓女的相爱，任凭妓女欺诈摆弄的男人，是被狠狠嘲笑的对象。而张春帆的《九尾龟》则为读者提供了"新登徒子"的妓院生存术，或用胡适的话来说，是"嫖界指南"，教导来上海"白相"、逛上海妓院的男性读者如何理解与应付那些放荡且难以驯服的娼妓的心理，使自己成为上海妓院中合格的嫖客。这里需要补充的是，从明代万历年间开始一直流行到清末甚至是民国初年，以《万宝全书》为代表的"商旅""风月""子弟"等图书门类当中，就已经提供了一般商旅读者进出妓院的各种诀窍、规矩甚至是妓女的心理分析。所以，《九尾龟》等清末上海娼妓小说中对于妓女以及嫖客的嘲笑与挖苦，除了如前文所指出的，可以被视为中国现代化前夕的性相结构转变在小说叙事中的迹象之外，同时也可能是清末小说对于晚明传统青楼文化论述进行吸收的结果。《风月梦》《品花宝鉴》《花月痕》等小说中的妓院文化意涵与情的美感,在19世纪的最后十年可谓荡然无存。我以此作为全书的结尾,希望在论述形式上收摄中华帝国的结束与多妻登徒子的结束这两条平行的修辞,即勾勒出帝国一步步走向"现代"的步伐。

台北的许晖林评价此书时说:"马克梦在这本近作中,一如以往地显示出他对批评理论的深度掌握,对问题意识的高度自觉,以及对明清小说分析的娴熟老到。虽然马克梦引用拉康的精神分析理论不见得使所有读者都能够轻易进入,但是作者在实际的文本分析中却能够透过隐而不显的理论关怀,将众多的研究材料恰如其分地纳入其分析框架,成功地以一个深具启发性的视角,引领读者出入19世纪重要的小说文本。本书不仅是对于开拓中华帝国晚期性别研究以及明清小说研究新的视野有重要贡献,也是对于理论应用正当性的证成,以及文学文本脉络化的一个精彩的操作范例。"(《汉学研究》第30卷,第2期)这也是我所希望达到的目标。

行笔至此,这里我也讲一下我对明清小说中所谓的"奇女子"(remarkable woman)这一形象的关注。

简单地说,所谓的奇女子指的是具有能动性的女性。我之所以研究,可以说是为了在小说中的一夫多妻关系论述中辨识出女性的能动性。在以男性能动性为主的一夫多妻论述中,性欲旺盛的男人可以满足他众多的女人,证明女人需要像他这样的一个男人,除此之外女人无法被其他众多无能的男人满足。对于这些"优秀"的男人来说,这种一夫多妻制形成了他男性自我认同与优越感的核心元素。然而,强调男性的中心地位,通常会将媵妾、娼妓归类为消极不幸的受害者以及附属地位。这显然是忽略了女性主体的能动性,以及女性抗拒或参与一夫多妻结构时所扮演的决定性角色及其对男性的支配力。而我之所以选择聚焦奇女子的研究策略,正是试图挑战传统认知中只以男性为一夫多妻性相结构中最为强大,甚至是唯一主宰的说法。这并不是要否定男性依然是社会体制的主宰者的事实,而是希望辨识出女性的能动性是什么样的程度,以及以什么样的方式参与了性别关系的形塑。

从深层的感情结构来说,奇女子对男性施加一种反主体化的作用(exerts a desubjectivizing effect)。主体化(subjectivization)的意思指的是主体成为社会中具有语言能力的成员,是主体做人做事的最基本的过程，是主体如何扮演社会中的一个具有性别、地位，以及其他认同特质上的角色。奇女子站在扮演旧角色与创造新角色的边缘上，女性化的男人也一样代表着反主体化的动力，奇女子完全本能地抛弃一切社会上与物质上的制约。最有代表性的奇女子包括明末的名妓以及许多小说与戏曲中的人物，如杜丽娘、李香君、林黛玉等。

这些女子的另一个重要特质是，她们在社会动荡的时候扮演着特别重要的角色，像是晚明及晚清的名妓，不管是真实的或者是虚构的。妓院是逃离动荡的避难所，也是提供战斗心态与求生意志的来源。因此，妓院为它的成员们提供了一种结合了柔软的情调与面临灾难而献身的道德英雄姿态。这些情境展现了一种从晚明到晚清的感情力量，以具有毅力的多情的行动为主，像为爱情而牺牲或者为朝廷而牺牲一样。正如我们在明末及清初的柳如是、钱谦益或吴伟业等人的诗作里，或者清初的《桃花扇》等传奇中所见到的，虽然遗民思想较少出现在蒲松龄的作品里面，但是在《聊斋志异》里，同样直接或间接地对这些奇女子的超越道德力量以及社会规范的形象进行了描述。

我分析一夫多妻制中女性能动性的方式，是将前述以男性为中心的一夫多妻大叙事，拿来与背离此大叙事的不同类型的性别叙事加以对照。用来对照典型一夫多妻大叙事的，即所谓的"被动的一夫多妻"（passive polygamy）叙事，以及"真情"（sublime love）美学的平等主义式爱情叙事。前者的叙事中，男人通常被描绘成苍白无用，得依靠有才能与美丽的伴侣来替他解决问题。他的伴侣甚至寻找通道或施加手段替他获取其他女人，进而替他维持一夫多妻的家庭结构。而男人在面对和自己有性关系或情感依赖关系的女人们的要求与禁止时，则是相对地苍白、脆弱与服从。这些女人采用的控制手段之一，是让男人沉溺于她们作为奇女子的魅力与力量之中。特别是在危机时刻，男人在情绪以及心理上都严重依赖这些具有自主性与能动性的女人。后者则可以称为"知己"之间的爱情，是受晚明以来情的美学典范与思潮影响的情感论述。在这种关系中，女人与男人共享一对一的爱情关系。这以林黛玉与贾宝玉之间的爱情为最典型的例子。这种真爱让男人与女人在深情中相互融合，并且超越了社会既定的性别与身份位阶的差异。这种真情关系的特色是，两个爱人看起来很相似，并且同时拥有男性与女性的气质。但是这样的关系常常是朝向悲剧发展的。在《多妻与多情：现代中国前夕的性相结构》中，大部分的章节即是以历史的方式，将19世纪小说中所呈现的这两种性别叙事模式中的女性能动性予以梳理、脉络化。

八　性别政治与国家政治

大约六年前开始，在写完《多妻与多情：现代中国前夕的性相结构》后，我的研究方向开始转向中国历代后妃制度研究，希望探讨性别政治与国家政治的关系。迄今书已出版，分成上下两部，即《牝鸡无晨：中国历代后妃制度（汉至辽）》(*Women Shall Not Rule: Imperial Wives and Concubines in China from Han to Liao*, 2013) 和《后宫：中国历代后妃制度（宋至清）》(*Celestial Women: Imperal Wives and Concubines in China from Song to Qing*, 2016)。

我在第一部的导言中写道："启于上古时期帝王

（部落首领）妻妾的逸闻，直至武则天成为第一位女天子所带来的深远影响，《牝鸡无晨：中国历代后妃制度（汉至辽）》将绘有这些帝王身后女子宫内生活的画卷徐徐展开。除却援引典籍注解还原故事大概之外，本书亦着眼于比较史官与说书人在记录描绘后妃们的生平、后宫生活、阴谋诡计、风流韵事和流言丑闻时采取的遣词用句，以剖析不同表达方式的深意。在中国历史上，帝王往往不仅仅有国家政治军事领袖这一显而易见的身份。鉴于帝王均为一夫多妻制的忠实实践者（虽史书也有记载多位明朝皇帝曾违背此制度），他们自然也拥有了一个身份：拥有多位配偶的丈夫。随这些帝后妃故事而来的便是女子干政、当政的历史潮涌。而恰恰矛盾的是这潮流同扎根于传统思想道德体制中的'牝鸡无晨'，即对女性掌权者的根本反对的态度，完全背道而驰。武则天并非是唯一参与国家政治的女性，早在她之前的数个世纪，女性就陆陆续续地开始干政。然而作为这个潮流的高潮，她迅速成为中国历史上女性当政的最典型的反面教材。直到三百年后的宋朝才又出现了与她相似的另一女性，章献明肃刘皇后。但无论是刘皇后还是后来参政的女性都再也未复当年武曌之权力威望。那武则天到底是如何掌握

八　性别政治与国家政治

到此等权力？又为何中国再无第二个武则天出现呢？"

"男主外，女主内"的家庭组织形式作为惯例贯穿了整个古代中国。内部政治毫无疑问时刻影响着外部政治，更进一步说，两者相依相存、相互影响甚至合二为一。而在现实中，政治通常展现出内外有别的表象，即男性主导的国家政治同女性主导的性别政治的完全割离。然而性别政治对国家政治的影响是内在的、潜移默化的而非表面的。原因十分简单：每位帝王必然有一位后继者，每位帝王王子也必然会娶妻纳妾。虽不时也会听取外家之人如内侍官员与宦臣的建议甚至因此受到干扰，继承与婚嫁仍是历朝历代皇室家族的头等大事。在一个家族中（包括皇室），除了父亲、叔父、兄弟这些男性成员，最有威望并受到尊重的无疑是母亲同祖母，而两者均为现任或前任统治者的妻妾。这些有关皇室男女主角们（帝后妃）充斥着后宫一夫多妻生活戏剧性场面的故事，与当下的后宫情景剧颇为相似。在宫廷这个人间仙境的舞台上，人人遵照礼仪行事，时不时举办各类祭典，安排大量仆从及侍官来满足皇室成员的需求。诚然，这剧中还有些配角，像太后、公主、太子、宦臣、女侍、乳母、婚外情人等。他们都或多或少参与到皇室生活中甚至国家政治中。在阅读此类故事时，需掌握两个关键的视角。第一，皇室一夫多妻制的体制观点。这种体制是如何建立的？其价值和理想是什么？如何运作？具体来说，选出妻妾的方式、等级排序和晋升的标准是什么？这些女性间的关系又如何？第二，皇室一夫多妻制的实际运作，也就是帝后妃的真实生活。举例来说，后妃的嫉妒如何影响皇室生活？作为多妻的丈夫，帝王如何处理他与多位后妃的关系？这些关系又如何对帝王的工作产生影响？

正史与野史是阅读此类故事、对以上问题作答的两大素材源。正史，如字面意思，指官修的、被各朝代纳为正统的史书。通常由下一个朝代修订，并且每一传记史书均有一至二个章节涉及后妃的生活事迹。正史作为本书构建的基石，看似极其翔实，但必然会有未曾收录或隐晦的内容，这也正是野史存在的原因。野史良莠不齐，部分记载显然更为可信，当然同时也有完全虚构或意在诽谤中伤的内容。相较于官修的正史，野史则是由私家编纂。严谨的在野人士记载的是由于正统观念或其他原因而删去的本该记入正史的内容，而小道消息者加入的则是为官方所禁的粗鄙的无事实根据的街谈巷说。除了文献资料，文物也是研究相关历史的重要素材，包括考古遗迹、石刻、陵墓、雕像、书画及其他艺术品，还有宗教仪式与日常使用的器物。由于其创造使用时间、目的与观点态度的差异，不同的素材会展现出不同的表现形式。如对武则天的评价，唐代前期的史官普遍承认其君主身份。但随着时间的推移，她渐渐被批判为篡位者。特别是明初时期，甚至有情色作品将武则天描绘成一名淫妇。史书往往用一些富有预兆性的词来传达字面下隐讳的信息，如常常见到的"暴毙"一词，就用来表示原因不明的死亡。其背后或许有某种不可告人的理由或有人暗示阻止史官将真正死因记录下来。反之，野史中的相关记载则极尽形象生动详细。这些内容看似精彩绝伦，但未必就是真实可信的材料。

类似于正史与野史，规范性与描述性同样是一组阅读素材时不可或缺的关键词。规范性记事重在说明"必须如何"的问题。在古籍中曾有记载后妃侍寝的具体内容。当妃子进入帝王寝宫时会在左手腕上套上银环，临幸结束后又将银环换至右手腕。阅读此类史书内容时宜将此看作对规范性行为的描述而非真实场景。银环并不是记载内容的主角而且其使用方法也远非只有记录的这一种。史官其实是通过这段规范性记事来点出侍寝时规矩的重要性。为了更准确地记录后妃的妊娠情况，监管皇帝的房事频率，就必须清楚地知晓侍寝人员的身份同详细时间。对帝王而言，雨露均沾，不专宠于任何一位妃子毕竟只是理想化的行为，真正的做法就又另当别论了。记载的关于真正生活场景的内容便是描述性记事，旨在描写"真正如何"的行为。主观而言，描述性记事远比规范性记事更为真实可信，但后者真正的可靠性却在于其所表达的内容无一不是必要、真实的。而描述性记事在选材与表达方式上有很大的自由度，这在描写浪子荡妇时尤为明显，记叙者往往会偏向于大肆渲染和夸大特定细节部分。

赵飞燕（公元前45—前1年），宫女出身，于阿阳公主府学得歌舞遂闻名，鸿嘉三年蒙汉成帝（公元前33—前7年在位）垂青入宫。起初位封婕妤，不久后就登上后位。一直以来各方关于她的蜚语从未停歇，直指其乱内，淫乱宫闱。自然而然，她留以世人的尽是荡妇的形象。我们已无从考证这些逸闻的真实性，但她的从宫女到皇后的传奇一生和对成帝不可估量的影响，不失为历史长卷中真实的、浓重的一笔。

历史的流动并非是定向的、连续的，更多时候其实是交错的、重合的。诸多事物改变会同时发生，然而又经由不同的分支同过去联系,与现世交汇,并将影响带向未来。这本书大体按时间顺序粗略分为带有副标题的七章内容来更好地展现其中错综复杂的历史脉络。因为有时会穿插独立的小节,所以章内各节并非一定构成完整连续的故事情节。这本书大致援引正史中主流的后妃传记,但也同时参考正史野史中的他家之言。如果做个比较的话,宫闱中后妃同帝王的关系恰似野史同正史之间的关系,前者均在暗而后者均在明。帝王作为位于权力金字塔顶端的一夫多妻者,自然被视为成功实现丰功伟业的至高象征。于是史官便着重笔墨于君主的政治、经济、军事功绩而选择忽略他们在后宫同后妃的私生活。对当代学者而言,关于后者的描写记载无异于为全面了解评价一位帝王打开了新的大门,因为除了统治者这个最明显的身份外,帝王同时还兼顾着一夫多妻者、丈夫、父亲这些家庭角色。不同于常人的是,这个家庭内部成员众多且结构复杂:成群的妻妾、子嗣与侍从。那宫中的异性之间究竟怎样处理他们之间的关系?他们又会因什么原因犯什么错误?推翻前朝取而代之的新朝代该如何处理旧制?是沿用还是修正?

中国历史上从未停止过对女性当权者的反对,但最讽刺的是中国古代最后一位掌权者恰恰又是女性：掌握了清末最高权力的慈禧太后。毋庸置疑，她自身的能力和野心促成她登上了权力最高峰，但其中最大的契机其实是其丈夫咸丰皇帝的驾崩和仅六岁幼帝同治皇帝的继位。女性执政唯有在没有合适的、足以胜任统治地位的男性存在时才有可能，而慈禧太后正是应了这一情形。考虑到慈禧在最高的宝座上坐了几十年，说她的聪明才智与帝王权术不及武则天或历代掌权的皇后无疑是自欺欺人。然而同时又要认识到因存在着对女性根深蒂固的偏见，用不同的角度、方式来评价这些女性统治者的角色与行为是必不可少的。除此之外，也要考虑尝试不同策略来阅读和解释史书中对于她们的记载。为全面掌握其时代文化背景，我们首先要回顾皇室一夫多妻的源头，去了解其体制与价值。

九　在美国中西部讲中国

"在美国讲中国",对我来说,等于"在美国中西部的公立大学教中国语言与文化"。这是我的工作范围与环境。

首先得解释,"美国中西部的公立大学"里面有三个层次:"美国""中西部",以及"公立"。"公立"也可以理解为州立,与私立相对比。以学费与生活费来做一个简单的比较,美国公立大学一年的学费与生活费约为15000美元左右(也有20000多美元的);私立大学则50000美元左右。申请公立大学的要求也远不如私立学校严格。几乎任何高中毕业生,只要有C左右的平均总分数，就可以录取。然而，私立学校的淘汰率使得很多拿 A+ 平均总分数的学生都不能被录取。

除了当系主任之外，我在堪萨斯州立大学教两种课。一种是语言课，另一种是"中国文学与文化"。我们把第一种叫作 Language Class，第二种叫作 Content Class。美国的趋势目前是把语言教学当作一个独立的专业。因为我没受过专门的语言教学教育，我还是属于老一点的做法——既教文学又教语言。目前很多教文学与历史的教授把语言教学看成是次要的与麻烦的，甚至许多学校把语言课让给拿低一些工资的讲师们来负责，除非是教古代汉语。很多学校根本不让汉学家教语言课，再加上专业化的语言教学理论在教学方面有很大的进步，有的时候让我感到自己像是一件"古董"。但我也认为专业化的语言教学倾向，对中国的语言历史，尤其古代的与现代的关系，缺乏深刻的认识，也轻视了文化方面的知识。因此，我认为教语言和教文化必须合在一起。这个想法也有私人的因素——我如果不坚持教汉语，大概就不能做这样的演讲。在堪萨斯大学除了汉语课以外，几乎没有机会讲汉语。

教授语言课还有另外一个好处——让我有机会跟学生们一起重温那些学习中文的苦日子。一方面学生们可以看到一个非以汉语为母语的人也能够学会汉语，另一方面他们可以听到一个教授给他们讲基础课。我把语言课看成是有点像健康的体力劳动，而文化课是精神劳动。我喜欢这两种的结合，也想把这个做法推荐给别人。

因为我是系主任，我可以每年只教两门课，但我教了四门。两门是我们所谓的三年级汉语，一门是文化方面的用英文讲的课，第四门是研究生的入门课。我教的文化课有两种，每隔一年轮流一次。一种是古代的中国，从尧舜禹到清中叶为止，以文学史为主要线索，也包括诗词——这是我能讲唐诗的唯一机会，所以我很喜欢。另一种是从鸦片战争到现在的日常生活，大部分的文本是文学，但也不一定。也许听起来很可怕，在一个学期内讲三千年的历史，在另外一个学期才讲二百年。在中国大陆、中国台湾与中国香港，以及新加坡、韩国和日本也许这是不可思议的，但在美国，能教中国古代文学就已经很不错了。我1985年第一次教中国文学史时，班上只有四个学生，我非常失望。现在已经增加到有将近四十名学生来选我的课了。因为有很多写作作业，改卷子很花时间，因此学生人数不能再多了。人这么多的一部分原因，是学生认识我了,学生选课跟他们对老师的了解有紧密关系。另外,我也学会了如何"欺骗"(姑且用"欺骗"这一词)他们。我给这门课起了一个简单的名字,叫作"中国文化",不叫"中国文学史"。我想让学生慢慢地发现这是一门文学课。文学大概是目前美国学生比较害怕的科目,总不如历史、社会学、心理学受欢迎。文学太不具体。文学课难一点是因为对阅读能力与写作能力都有很严格的要求,而当今的学生这两种能力都在严重退化。文学课,尤其是英文系的文学课,很重视写作,也注重文笔,需要对文本做细节分析,这些是学生越来越不拿手的,非常可惜。

我教的第四门课是研究生的"东方研究入门"。这门课通过"后殖民理论"(Postcolonial Theory)来跟学生讨论近代西方与东方的文化交往。主要针对位置问题,也就是说,一个21世纪的美国人,在研究中国、日本与韩国的时候,处在什么样的一种位置上?站在这个位置上,会不自觉地产生什么样的成见?受到什么样的"现成"教育?东方主义(Orientalism)如何影响了他们对东方的认识?东方研究这个领域是如何跟西方帝国主义联系在一起的?现代性跟东方与西方的来往有什么样的关系?……这一系列问题都要介绍给初级研究生。目的是让他们能够一方面掌握目前最关键的理论术语，另一方面让他们在学习东方时学会如何提出批判性的问题。

在美国的东方语文系，可以说有两种教育任务：一种是针对古代与现代的不同，另一种是针对自己与异己的不同。古代的中国跟古代的欧洲很不一样，古代和现代也很不同。简而言之，关键问题是如何阅读另一个很不同的文化的文本。一首唐诗有它独特的韵律和读法，但平平仄仄恐怕对我的学生没有意义，只能说一下它的基本规则。但是唐诗的一些基本格式，则不能忽略。比方说，律诗有八行，主要分成三个部分，中间的四行是由两个对联组成的，对联的构造与意境很特别，学生非常容易了解这些。举另外一个例子，章回小说也有它的读法。有纯粹的叙事，但有时也插一首诗来形容人物或风景，有时插格言来讲一点道理或生活哲学。它的文学手法，包括古代评论家所指出的前后照应，有静也有动，有动中之静，也有静中之动，等等。一般来说，在不同的文化环境中有不同的讲故事的方法，有不同的规律与习惯，有特殊的母题和典故，也有特殊的心理描写。有各种社会、宗教、阶级与性别，以及家庭关系现象。在物质方面有日常生活中的实用物品，比如建筑、食物、服饰，以及各方面的事物等。有些东西讲起来就会造成混淆与误解，比如，缠脚、纳妾，或者像"男女授受不亲"这样的古代概念。像缠脚，刚刚一提，许多人就会感到非常陌生。我喜欢面对这样的挑战，但是必须事先把它想得很仔细，必须考虑学生会有什么样的误解和偏见，也必须忍耐。许多学生本着一种下意识的优越感，就会产生蔑视的态度，也会简单化地把一个复杂的现象看成是一个很不正常的，或者不道德的毛病。

总的来说，美国人对中国的了解很肤浅。给他们讲课，时常只能吸收一小部分的新认识。我用的教材是一本文选，是由宇文所安编的。里面主要有诗词，也有各种叙事文学的片段，比如《左传》《史记》、唐传奇、元杂剧、明清小说、蒲松龄的《聊斋志异》等。在这本书以外，我也让他们读《金瓶梅》与《浮生六记》。另外加上一些我自己编的教材，都是我翻译的。有志怪小说的部分翻译（如《搜神记》），有神话故事（如《山海经》《博物志》），有关于古代的婚姻关系（如尧如何把两个女儿嫁给舜）、爱情故事（如司马相如与卓文君），也有一些古代有名的丑事，如吕太后对戚夫人的虐待，以及赵飞燕笼络汉成帝的故事等。我也把不同版本的内容做比较，比如，赵飞燕在《西京杂记》与《汉书》中的不同记载。关于《金瓶梅》，我原来不敢教这本小说，但最近五六年我发现学生很喜欢《金瓶梅》。因为太长，我只教前二十回。学生对妻妾制度觉得很稀奇，对家庭中的阴谋与权力斗争觉得非常有趣，对潘金莲的聪明和她语言的泼辣也深感兴趣。对性行为的描写有的人很吃惊，没想到中国文学中也会有这样的事情。

讲近代中国时，我通过"日常生活"来加以引导。那门课叫作"从鸦片战争到现在的日常生活"。为什么用"日常生活"的说法，是因为我生活在现代，我也在中国长期待过，也从许多中国人那里听到过许多他们的经历。我本着日常生活的细节描写，来解释中国近代的不稳定，以及连续不断的历史波动。与此同时，也讲一些特殊问题，像鸦片文化，毒品与上瘾在现代历史中、在全世界的出现，外国的侵略与资本主义的进入，中国的衰弱，清朝末年的西方人跟中国人的关系，民国初期的思想与生活，共产党跟国民党的斗争，中华人民共和国建立后新式的日常生活、政治运动，"文化大革命"，社会主义特有的社会组织，比如工作单位、工作分配、户口制度等，最后也讲一些改革开放以来的重大变化。

无论怎么说，中国人，尤其是生活在中国大陆的人，在20世纪经过了太多的苦日子。美国人简直不能想象。中国和美国之间的距离太远，但是讲现代中国就必须让学生面对这个距离，也要尽量让他们对中国有一个比较客观的了解。

我在中国的台湾与大陆生活的经验可以作为例子。我离开美国，既是一种语言上的转变，也是一种生活与生活条件上的转变。我1976—1977年在台湾的一所语言学校学习中文。刚到台湾的第二天早上，学到的第一个词汇就是"邮票"，因为要给母亲写第一封从台湾寄出的信。我当时的感觉是每一个新词汇就好像一张门票一样，有了这张票，就可以再进入另一个门。那么多的门让我很兴奋，每天的生活内容非常丰富。当时的老师几乎都是1949年以后从大陆过去的。他们不说自己是难民，但在我看来很像。他们离开大陆的故事都很生动，留给我的印象非常深刻。我脑子里总是有类似的问题：一个人凭什么就决定走？又是谁让他们决定不走？在什么情况下就能够选择走？

1979年第一次到中国大陆去的感觉使我离美国更远了，远得不得了，不能想象的远。对匮乏的物质生活条件的适应并不难，最难的是一些心理上的适应。当时的一些特殊现象，如每天早上、中午与下午的公共广播，到处都有喇叭，在固定时间就会播送。有广播体操、国内外新闻，也有政治社论。当然作为美国人事先也有一些心理准备，但真正看到，还是不一样。在生活条件上，每天只有两小时的热水我可以不在乎，这是对外国人的优待。我也慢慢发现中国同学一般一个星期只洗一次澡，而且都得跑到宿舍以外的澡堂去洗。菜和米饭的质量比较差我也不太在乎，冬天的上海没有暖气也没有关系，但对当时的门禁制度和随时监视则有点不耐烦。宿舍规定来客要登记，所有的活动都有人观察，所有跟你来往的人都可能会被记录，你的中国同学也可能会被要求向领导汇报关于你的思想与行为。这些东西可以慢慢了解，但有些外国人总是不能控制他们的愤怒与怨恨。这种人大概是太住不惯了，他们无法接受中国当时的状况。

这样的生活环境总会给人留下无法轻松下来的感觉。每次离开大陆，到了香港或者台湾，就感到"解放"了，非常轻松。但是老想回到大陆，那里的故事太有意思了。20世纪70年代末，刚刚从"文化大革命"的政治环境中走出来的人，见到外国人既友好又好奇，很愿意交谈，谈的问题非常丰富，我一生中再没有碰到过那么多有意思的朋友。什么都说，而且他们的故事总比我的故事有意思。我的国家好像已经发展完了。美国人过的是小日子、舒服日子，每天几乎都可以预料到明天要发生什么事。中国则不一样，各种变化太多了，改革开放以后一直到今天，变化就更大了。我当时很难看出别人对我有怎样的反应。不过，美国跟中国之间的距离远得让我感到美国社会很肤浅，很堕落。中国人吃苦，美国人奢侈。中国人有问题，美国人小题大做。我跟一个成都朋友开过一个玩笑。我到成都去看他，下火车的时候他来接我时问我："你是奢侈派还是艰苦派？"意思是说，我是住宾馆还是住他家（当时公安局不允许外国人住在中国朋友家里，但我们很小心地置之不理）。我喜欢住他家，讨厌宾馆，又贵又无聊。他家当时只有一间屋子，双人床铺，跟他原来不认识的一个老邻居共用厕所与厨房。条件虽然艰苦，但非常有意思。总的来说，中国朋友越说美国好，越说美国发达，我就越莫名其妙，更觉得这个世界太奇怪了。现在，这样的经验与感想，我通过讲课来跟我的学生分享，尽可能让他们能够有深切的体会。

九 在美国中西部讲中国

我的不少朋友戏谑我是在美国的中西部当"隐士"。这个意思是说,很多美国东西两岸的知识分子不愿意到中西部去定居,会觉得那里是文化沙漠。这当然有他们的道理。中西部比较保守,学者不集中。诺贝尔奖得主、那些伟大的天才都集中在东西两岸。各种文化活动,如最新的电影、戏剧、艺术展览,各种最进步的、最极端的文化表现、政治思想,在中西部都比较少见,或根本就见不到。美国最有名的大学大部分在东西两岸,而且几乎都是私立的,学费很高,学生水平也很高,跟中西部的州立(公立)大学比,私立大学的学生对自己的要求特别严格。因为我是中西部印第安纳州立大学毕业的,也在堪萨斯待了二十多年,我比较了解中西部的学生,也比较喜欢跟他们打交道。原因之一是,越过我跟他们之间的距离,他们能对我提出很有意思的挑战。能够跟他们说他们觉得有意思的话也是挑战。我二十多年前刚开始教书时,不太管我的话他们是否感兴趣,总觉得他们如果不感兴趣是他们的问题,是他们活该。后来慢慢对自己有了一点把握,自信起来,就开始觉得可以跟他们说话、沟通,不会感到我在这里教书是划不来的。

无论什么地方都有人对异己持有偏见,美国中西部的人也不例外。东西两岸也有思想很封闭顽固的人，但是因为中西部是内地，信基督教的传统更浓厚、更保守，基本教义特别受欢迎，移民人口少一点，生活节奏慢一点，因此，人们所接触到的事物比靠海岸的地方狭窄，文化气氛也比较单一。有一种人很典型，对于别的国家的人只能通过自己的生活框架来了解，特别不能或者坚持不愿意离开这个框架，认为念大学只不过是维持现状的通行证。学生因为年轻，还处在可以转变的阶段，但是也不一定。基本教义派非常怀疑知识分子，对所谓的"非宗教的人文科学"持敌对态度。在学生当中，只有少数会这么极端，但是这种思想的痕迹到处都能看到。最典型的痕迹可以称为"不要思考深刻问题"，尤其不要动摇生活中的温暖感觉。大汽车、大电视机，随时都要看看手机有没有来信息，这就是温暖。世界各地大概都有类似的事情，因此，跟学生讨论一个对他们来说非常不一样的文化是非常有意义的。

我那个学校的一个缺点是它永远不会有很高级的研究生来跟东方专家上专题课（seminar）。但我觉得把这个问题反过来看，也可以说专题课的内容只对一小部分人有意义。把专题课的内容稍微加以通俗化，一样可以表达很多深刻的问题，也可以跟更多的人讲，尤其是本科生。你跟他们说得太抽象，他们不但不懂，还会怀疑你，会觉得你看不起他们。他们甚至会嘲笑，把老师看成书呆子。他们最后也可以不管，因为不少学生根本不在乎分数高低，只要及格就好。如果觉得你的课实在太难，他们就撤退，在学期快结束的时候离开你的课。

一般来说，我上课的时候不用理论术语，但有的时候这样的词汇还是要试一试。今年我用了"主体性"（subjectivity）一词来讲中国面临现代化的一些问题。我跟他们说，"主体性"的意思跟你出生以前已经决定的许多因素有关系，是你如何扮演自己的社会角色、你如何看待自己、别人如何看待你、你对自己有什么样的了解与认识等。这是一个心理学理论，目的是让学生思考他们的自我不完全是自己所能够控制的，他们在认同上甚至不属于自己。要让他们理解主体性是巧合和偶然结合的结果，社会关系与权力和意识形态是紧密相连的。我没有太成功，这样的词汇已让他们感到太抽象，把问题弄得太离开他们愿意思考的范围。有的人会问，考试会不会有这个问题。这个问题一问，你就能感到他们的反感与害怕。

最后，我希望把我常常关心的一些问题稍微提一提。总的来说，以前在毛泽东时代老说群众这个群众那个，还说知识分子下乡是为了深入群众。"深入群众"现在已经不说了，听起来也让人讨厌，可是我的想法有点不同，美国内地的公立大学生当然离毛泽东所指的群众很远，他们也不穷也不白，他们是一种新的群众，存在一种新的蒙昧。而且跟中国和欧洲一样，他们的阅读与写作能力在逐渐退化，他们缺乏对语法的基本认识，连名词、动词、副词是什么很多美国大学生都搞不清楚。自己写的英语都不好，怎么可能学好一门外语呢？是不是危机我不知道，但是我知道教汉语课和中国文化课都要面临这些问题。公立大学的学生就是我们的新群众，跟资质比较好的学生比，他们更需要我们的关注。

十　我的汉学研究之路

我于 1971 年开始学汉语，1974 年开始做汉学研究。大学时主修的专业是法国文学与比较文学，最感兴趣的领域是欧洲中古时代到 20 世纪初的叙事文学与小说。为什么学中文呢？在主修法文之前，要先主修语言学，而按照规定，语言学系的学生都得学一门非欧洲语言系统的外语，于是我就选择了中文。在这之前，我对中国一点印象都没有，吸引我的是一个较抽象的"目标"：学一门与自己的母语完全不一样的语言。我当时的想法是，这样的选择会给我一种挑战和机会，让我迈入一个对惯性思维极具刺激性的世界，说不定也会让我"成为"(或"懂得")另外一个"人种",进入一个超越性的意识境界。我这样想,跟当时流行整个美国的"意识觉醒"(consciousness-raising)潮流有关。当时很多人通过吸食迷幻药(尤其是LSD)来达到此目的,也有不少人借助禅坐、清修及其他许多办法,如政治活动、读书学习等来实现,我选择了后者——读书学习。

在现实生活中,这一选择所形成的第一个重要结果,是1976—1977年我去中国台湾留学。我在台北的一所语言学校学习中文,住宿则在国际学社。住的是一间有四个床位的房间,有三位来自台湾本土的同屋。在学习中文的时候,给我印象最深刻的是,每一个新词汇就好像是一张新门票,那么多门票就好像每天有一千扇大门在不断地对我次第打开,有一种非常过瘾的感觉。

从性别学的视域研究中国文学、中国文化

这种过瘾的感觉,竟然还有第二次,是1979—1981年我在上海复旦大学留学时。中美建交的第二年,

我作为第二批美中文化交流委员会的研究生到中国来学习。汉学与政治的密切关系在当时变得非常明显。第二次世界大战结束以后,一个美国人研究法国文学几乎不会受到什么政治影响;但一个美国人若研究中国,则会极不一样。在中美建交之前,美国学者研究中国,主要是到日本或中国的台湾地区去,到中国大陆来,是1979年之后才有可能的事。在台湾读书时,跟语言学校的老师交流,我感受到了一些国民党的宣传,"光复大陆""勿忘在莒"之类的标语,在台湾街头及宣传品上随处可以看到,"孔孟之道"也听了不少。同时也听到了很多迄今都令我感动的人生经历。几乎我的所有台湾老师都是从大陆过来的,他们常常提到抗战前后与逃离大陆的故事,再加上我在台湾学习时有一个非常要好的"忘年交"——不是一起学习的台湾同学,而是一位五十多岁、来自山东的退伍老兵老宋,他当时在国际学社当工友。他跟我讲了很多国共战场和山东老家的事。我当时对大陆几乎没有什么印象,"四人帮""文化大革命"……也都了解得很肤浅,而且也不感兴趣。这可能不像当时其他的一些美国同学,他们当中有的极为热爱毛泽东、周恩来,对中国政府的一举一动都十分关注。但很快我就发现,我不能不去了解毛泽东和"文化大革命",因为当时的中国刚从"文化大革命"中走出来,复旦大学的同学中与我来往多的也基本都是77级。他们大部分都是刚从乡下或工厂出来,其中还有几位作家,包括风靡一时的"伤痕文学"作家,如写《伤痕》的卢新华和写《拂晓前的葬礼》的王兆军,就都是当时复旦大学中文系的本科生,王兆军到现在还是我非常要好的朋友。

  一个来自资本主义世界的人一下子进入这样一种环境,真像是进入了另一个宇宙空间。当时我跟人交流有极度的陌生感,生活条件又极其艰苦,常有各种不舒服与不适应,但也有很多快乐,尤其是认识新朋友时。我们的世界观、价值观、人生观离得越远,那种新鲜感就越强烈。今天没有时间讲这一话题,我只谈关于我当时的研究方向。我所研究的,在当时还是一个禁区(今天可能稍好些),是明清小说,尤其是像《金瓶梅》之类的作品。在当时的美国几乎没有人读这些小说,中国长期以来也基本上没有人深入研究这类小说。当时有一位很权威的普林斯顿大学的教授和我说过,研究这类题目就好比是把中国的葬衣晾在外面给大家看。他是开玩笑,但也不完全是开玩笑。背后大家也有疑问:写性这个题目是不是太不严肃?是不是太好玩？别的同学很用功地研究正经的问题，像顾炎武的政治思想、明代的北京、清代的户口制度等，而我关注及诉诸研究的，则是明清世情与色情小说。

简而言之，我在当时只好自己"开辟"研究道路。我花了很多时间在图书馆阅览旧小说，也从上海跑了无数次北京，到北京大学图书馆查找善本。这样的小说没处买，一般图书馆也不对外借阅，只能在阅览室一本本地读。而且读完了书也几乎没有什么人可以一起讨论，因为"性"这个题目，大家还是比较忌讳的，在当时也很少有人会读这样的书。再加上连我自己当时对性与性别也没有充分的研究储备，还缺少方向与理论的训练。第一次发现有《金瓶梅》这本书时我极度吃惊，就好像发现新大陆一样。后来发现的"新大陆"越来越多，一跳进去就是一个无底洞。不但有《金瓶梅》，还有很多类似的小说，如《禅真逸史》《禅真后史》。也包括许多小说集，如《欢喜冤家》《一片情》《弁而钗》等，更不用说《如意君传》《绣榻野史》《肉蒲团》等比前者更为色情的小说了。这是一个非常值得研究的领域，但过去很少有人予以过多关注。于是我就开始了两种互不连属的研究生活：其一是跟中国朋友和中国老师交流，讨论正经文学文本；其二是我的个人研究专题，只能自己跟自己探讨，有时候完全不知道自己在做什么。我1979—1981年在复旦大学进修，1985—1986年在北大做访问学者，两次都是美中文化交流委员会的资助；1987、1988、1989年连续三年，每年夏天我都到北大访书、访学，同时也访旧，与旧日师友见面、交流；1991年我最后一次在北大做了一年的美中文化交流委员会访问学者，这期间我一直在读明清的世情与色情小说，并进行思考、研究。从1991年到现在，差不多每年我都会到中国一次，每次两三个星期，见见老朋友，也与中国的同行交流、互换研究心得。

三十年来，我慢慢地总结并形成了一套研究性与性别的方法。我遇到的第一个最基本的问题是：如何能把一个尴尬的、比较别扭的题目作为研究专题。这并不简单，也极不容易。用计算的方法来数一数世界上有多少人，每人有多少次上床机会，某人跟多少对象发生过性关系，或者数一数旧小说中有多少字是秽亵的、需要删节的……这都没有多大意义。有意义的是小说中语言的用法，比如性行为的描写是间接的还是直接的，是暗示的、轻描淡写的还是露骨的、毫无顾忌的？背后的文化是什么？在理论上如何讨论性问题，这些都是需要考虑的。总的来说，一个忌讳的、被封闭的题目总是有很多成见妨碍我们去了解它。幸亏20世纪中后期有许多理论帮了我很大的忙：女性主义、结构主义、后结构主义，以及后殖民主义。它们最重要的贡献，亦即它们的一个主要共同点，是对主体性的质疑，尤其是对占主导地位的主体性的质疑。女性主义给我的启发是关于男性主导价值观对女性的各种排斥与成见，以及社会对性别角色所起的支配作用。我逐渐发现有一个特别重要的性别结构，在中国历史上长期以来占据特别重要的位置，也对整个中国古代社会起主要的支配作用，这就是中国古代的妻妾制度。女人身体的买卖以及青楼文化也同样非常重要，尤其是妓女在文人生活中的意义。在旧小说当中，正妻与妾的关系，她们之间的互相争斗、交往、妥协、合作，以及她们的不同用心与动机，都引发我极大的好奇与兴趣。他们各自所属的人物类型，也时时引发我的注意，如奇女子、淫妇、泼妇、吝啬鬼、酒肉和尚、败家子、风流才子、落魄书生、侠客、贤妻良母等。另外还有一夫多妻制的历史演变，尤其是在晚清，当中国受到西方一夫一妻制的影响后，妻妾制度逐步所发生的变化，都在我的关注之中。最近我所做的新的研究，是中国历代皇帝的后妃制度。后妃制度在每一个朝代所发生的故事、在历史上的演变，以及皇后（或太后）的"垂帘听政"与她们在历史上对政治与社会文化的影响，都是我的着眼点。比如对慈禧太后，我们今天的研究视角、眼光、问题意识，肯定和一二十年以前不一样。

在美国学习中文，研究中国

在美国学习中文或研究中国历史、文化，有许多观点和态度有意或无意地受到了19世纪西方学术思潮的影响。单纯就19世纪的西方汉学与中国学而论，在意识形态上可分为两大类：一类是将中国作为标本。当时的西方人即已开始研究全人类的思想、社会、族群、语言、文化、地理、植物、动物，以及各种自然资源，他们如搜集标本般将搜集到的资料加以归类，中国只是他们关注中的一类。关于这类研究方法的利弊，很多研究后殖民主义的人曾经做过专门性研究，写过不少文章，兹不一一赘引，我只扼要地说，这样的视角不但把中国作为标本，而且往往将中国看成一个没有

"醒"过来的文化区域，还处于一种蒙昧的状态中，需要西方人对他们进行"教化"才能从蒙昧中走出来。比如，中国人与鸦片就是一个很好的例子，这也是我从前研究过的专题。鸦片在中国走俏，"中国人离不开鸦片"，这是当时一个常常被列举的例证，借以描述、形容中国的落后。中国人抽，西方人不抽，这个分别有象征意义，说明中国在躺着做梦，西方人在站着干有利的活、做有用的事。中国人的衣服宽大而松垮，西方人的衣服松紧适体，松的衣服适合躺下抽烟，适身的衣服则不然，因为抽一次鸦片颇费时间，适身的衣服躺下极不舒服（也容易弄皱衣服）。再加上西方人忙，没有时间做那么多鸦片梦。当然，也有极少数"怪"的西方人，会去尝试吸食鸦片，甚至会穿着中国服饰与中国人一起抽，将自己临时地"中国化"。他们在抽的时候可能会有超验性的同化感，好像终于同中国人一起达到了精神上的共同点。吸食过大烟的西方人，其中有些人会指出，鸦片的坏处被过分夸大了，而确实得承认，鸦片在特定情况下是可以起到好的作用的，也不完全是一无是处。比如第一次鸦片战争时，有许多英国士兵患了疟疾，有医生就建议说抽鸦片可以治病，但军官坚决反对，认为抽大烟是堕落的习俗，不可以采用，结果死亡率非常高。那些吸食过鸦片的外国人，可以说是19世纪在意识形态上对中国持另外一种态度和看法的人，尊重甚至崇拜中国文化，将它看成一个超越性的文化，可以帮助西方人跳出过于物质化的窘境，并且可以教他们化解西方近现代化所带来的各种紧张与不安。

在20世纪和21世纪也有类似的现象。有些人研究中国，基本上是在做情报工作，深入了解中国，只为了"知己知彼，百战不殆"，为美国政府的远东战略及对华政策服务。另一种极端，则是痴迷中国、日久成瘾者，他们中的许多人痴迷中国诗词、文化，有的人倾心于佛教与道教，有的人维护和阐扬"孔孟之道"，也有的人是气功爱好者或功夫迷。此外还有一种人，热衷讲中文，日久成迷，这种人只希望能将中文讲得如中国人一样好，不时显摆，有点像19世纪的一些美国白人，热爱印第安人，要逃离白人世界，融入印第安社会，英文叫作"go native"。我以前有点属于这类，但很快发现这就跟贾宝玉一样，喜欢跟姐姐妹妹们腻在一起，但永远无法加入姐姐妹妹的队伍，永远是个男子。我一样也无法做到完全中国化，这样做，这样希望，太不现实，太忽略自己的身份和文化立场，人不可能消除自己的社会背景所决定的文化属性与生活条件。

理论与考据之别

我最后一个想讲的主题，是从事汉学研究以来一再碰到的问题，即理论与考据的关系。这是什么意思呢？先说一句很简单的话。古汉语不仅对我们这些汉学家，即使是对大多数中国人而言，也都非常难。读一本古书，即使是受过一定训练，借助古注古疏，甚或是今人今注今译本，也要花很大的力气才能读懂。不但要读懂，还得学会分析，不能完全囿于前人成说，要学会提炼出有意思的观点，做出自己的判断。不能只说或只知道某一句话是什么意思，或某个历史人物做了些什么。这些问题牵扯面甚多，可能会有些大（须专门花费笔墨探讨），而且涉及理论与实践的不同，也可以叫作理论与考据之别，还可以说是思想与技术的不同。20世纪70年代中后期我在耶鲁大学和普林斯顿大学读研究生时，老师们都曾郑重指出，汉语要好，读文本要读得全面与正确（即字字要得以确解）。这当然没错，可谓不刊之论。但20世纪70年代的美国又是一个理论思考非常活跃的时期，结构主义与后结构主义极度流行，我也深受启迪，兴趣盎然。但老师们不希望我参考与采用这些理论，只是指点我专心读懂文学文本，不断提高汉语水平。当时我们心中的模范研究生是汉语水平极高，比谁都能读懂文本，参考书也熟悉得不得了的人，而且在日本或中国的台湾地区待过很多年，至少也是两三年或更长时间。不过当时在别的研究领域里，情况则完全不一样。比如欧洲文学、人类学、社会学等学科里，那些人的理论基础及训练向来较强，读懂文本对他们而言虽然重要，但不能只做这样考证性的、一字一句必求确解的研究，一定要有理论思考，要有理论框架。这当然是比较简单化的概括，目前越来越多做汉学研究的人都能把这两方面结合起来，但我认为这还是一个很不好解决和处理的问题。语言基础非常重要，考证能力也要很强，不用科学方法读懂文本，他的研究就不能算是真正的研究。而从另一方面，如果只有理论基础，文章只是千篇一律的福柯最漂亮的理论术语，这也是个极为严重的问题。理论术语用得恰当、贴切，会帮助我们了解研究的对象，如画龙点睛，给读者以启发。理论对头脑就好像是一种维生素，同时对头脑思辨也是一种挑战，会让你排除成见，进入"日日新，又日新"的思想境界。但理论养成并非一日之功，需要有意识地训练，需要时间的投入。研究生早晚得决定要在哪一方面下"笨而狠"的功夫。理论训练会提供一套思考工具，让你去了解和构拟各种文化现象、提炼问题意识。没有合适的理论梳理、理论框架就没有办法组织知识，也极容易把学习及研究的对象弄成一堆完全没有灵动的死物。可问题是有的人简直是时髦理论家，文章写得佶屈聱牙，使人难以卒读，但理论诠释一套一套的。而从另一方面来说，对文本的详细了解，对语言的深入掌握，对典章、制度、人名、地名等的全面熟悉，同样很重要。古代所传承下来的知识与读书、思辨方法保留到现在也是极为难能可贵的，它们有自己的价值、合理性，甚或现实意义。千万不要忽略理论思考（此亦即中国古人常说的"义理"）对世界的贡献，不要以为理论只是时髦，甚至只是曾经的西方时髦，现在已经不重要了。有的人会说，因为理论是一个西方的东西，不适合运用在中国的文本上（友人孟繁之说，中国古人也非常注重义理思辨，清代学者戴震和章学诚见面时，即说过类似"考据是抬轿子的，理论才是坐轿子"的话)。——这个题目很大,我不能谈得很多,但此说法难免带有排外情绪(中国人"中体西用"的提法,此说看似宏通,与时俱进,细细思量,也多是未谛,调和而已,终未能摆脱一种排外情绪、文化保守主义立场)。这种思想让人觉得中国文化是精粹,是自成系统、封闭发展的,西方理论、学说、思想对它格格不入。以世界上存在的某些人群为例,他们对同性恋的歧视便属于他们对西方自由主义与个人主义文化的反对与抵抗。也就是说,他们认为这样做可以代表另外一个独立、自足的道德系统。但这样岂不是否认了任何普遍性的道德价值观与世界人权观吗?西方哲学确实有些内容只适合在西方用,有一些价值观也是如此,这个并不难弄清楚。但西方的不少基本观点与思维方法,其实在中国也能找到,尤其如结构主义与后结构主义对主体性的质疑,道教、佛教中很早就有。如果把这些共同处作为出发点,全世界便可以有一个比较相通但并不是完全一样的理论语言来彼此沟通。

我站在两种极端的中间,既羡慕深谙理论的人,又羡慕汉语水平高及运用能力极强的人。我只会一点结构主义与后结构主义理论,尤其是法国思想家拉康的心理分析理论,它对我进行性别研究最有用,但理论界的许多争论与演变关系则非我所懂。我也不能教一门理论课。至于汉语水平,这对我是永久的挑战。今天能和中国的朋友用中文演讲,是因为我在美国不仅给美国学生用英文讲中国文化,我同时也是他们学汉语的老师。只有这样,我的汉语才能一直维持一个基本水平。不然的话,讲中文的机会太少,会忘掉太多!教学生汉语也是一种很实际的工作,对于教授文学课是很好的调整。再者,看到学生努力学习汉语,跟他们在课堂上进行日常接触,对我而言都是很宝贵的、能不时促使我不要懈怠的动力。我建议更多的、在国外生活的汉学家也能和我一样,当当汉语老师!

十一　面向未来

很多最流行的英国电视节目（包括《市中心的修道院》及其"前辈"——20世纪80年代流行的《楼上，楼下》），会特意展现仍旧是真正意义上"英国"的英格兰，即其大部分居民仍旧是盎格鲁-撒克逊人。今天，一档真实反映英国现实的电视节目，应该包括印度人、非洲人、中东人以及来自其他地区的人们：英格兰已经被永远地改变了。从某种程度上说，人们对《市中心的修道院》的喜爱，不过是对一种假想的更纯粹的英格兰的怀旧情绪的表达，那时候贵族和用人之间仍旧界限分明。《市中心的修道院》表现的其实是贵族生活的最后阶段，那时候这种生活方式所凭依的用人阶层还基本上由白人构成。《市中心的修道院》尽管展现了贵族生活没落的必然性，但还是流露出对那种生活方式的留恋，并通过老练的电影艺术手段来展示这种生活方式的优美、色彩和风格。

如果要拍摄一档类似的反映20世纪30年代北京生活的节目，尤其是由曾经在北京住过的白人来做导演的话，这档节目可能会像以上提及的电视节目一样充满怀旧色彩。乔治·凯提斯的《丰年》和约翰·布娄费尔德的《余辉之城》就是最好的例子。这些作品无视当时蓬勃发展的共产主义运动以及军阀间的混战，而是着重描述那些在他们眼里最后一批能代表中国学术、艺术、书法等最优良传统的北京人的生活，着重描述那种最能反映中国传统的、由胡同文化所代表的温情脉脉的生活方式。凯提斯和布娄费尔德是中国迷，有点像19世纪的鸦片吸食者（布娄费尔德本人的确也吸食鸦片）。后来中日战争爆发了，然后是中华人民共和国的成立，随之而来的是中美30年互相隔绝。我到北京的时候改革开放刚刚开始，这也决定了我做中国研究的整个历程。

对中国的研究，在英国、德国、法国、意大利、西班牙和葡萄牙这样的国家开始得比较早，从明朝晚期就开始了，而在美国和加拿大，相对来说则开始得比较晚。从某种程度上说，中国研究的开展是基督教传教活动的结果。无论是耶稣会还是新教徒，他们的目标都是说服中国皈依基督教，都肩负着把中国"文明化"的神圣使命。当然，中国研究的发展也跟全球学术的扩展有关系。就特性而言，中国研究从一开始就存在一个人种和种族的区别问题，尽管从早期开始也偶尔会有中国学者在西方生活并任教；相较而言，很多西方学者花上几十年在中国工作、学习、任教。到了20世纪，尤其是1949年以后，在西方国家学习和教授中国知识的人数开始增长，到20世纪八九十年代再一次增长，而且是激增。即使这样，该领域仍然存在着内外之分。由于政治及战略方面压力的存在，中国国内研究中国的专家和西方研究中国的学者在兴趣和视角上还存在着很大的不同。比如说，一个美国的中国研究学者和一个中国国内的中国研究学者之间，远比一个美国的法国研究学者和一个法国国内的法国研究学者之间更容易产生敏感性分歧。这种分歧有一个形象的比喻：法国人和美国人可以无须签证到彼此的国家旅行，但中美之间就必须要有签证。

1999年,我和李零、唐晓峰曾讨论过一个全球性的困境:这个世界的一部分人拥有异常多的金钱和权力;他们之下是一群无比忙碌的人,整天工作,被告知而且自己真正相信,为了掌握大量的金钱和权力,他们必须要如此忙碌;这之下还有第三群人,是那些想忙碌而不得、找工作而不成,甚至不被当成人看待而可以被废弃的人。这样一幅画面是我们在餐桌前喝着东西的时候描述出来的。这种境况全世界都一样,无论你生活在哪里,无论是从美国到中国还是从中国

1996年在北大与李零(左一)、唐晓峰(左三)在一起

到美国，都是这样。哪个方向会更好一点？人们仍旧在想、在问：哪种政府组织形式更优越？

同样的问题，即朝哪个方向努力，也正是我下一步的研究所面临的问题。我对这一问题的答案，总是徘徊在相对来说大而抽象的问题和相对来说小而具体的问题之间。大的问题包括诸如一夫多妻制、纳妾制度和两性之间差异的问题，而小的问题则包括诸如哪种资料比其他资料更可靠以及一个特殊的语词是如何在不同时期被使用等类似的问题。这总是需要一些运气，说什么和写什么不完全取决于个人的意志；你必须待在批评家和出版商为你划定的圈圈里。学者有点像政治家：他得能摸准大众和同事的脉，然后根据这些信息开始思考和写作。

任何时候在中国旅行，我总能发现活得比我快乐的人。同样，在中国，就像在别的地方一样，我总能发现两种使我感到内疚的人。这两种人我从上大学时就遇到过：一种是虔诚的有信仰的人，另一种是流浪汉。第一种人说，你哪来那么多怀疑、不定和摇摆呢？你应该信神，有信仰。尽管他们看起来幸福而充实，但我的天性告诉我不能走他们的路。另一种人让我觉得不好意思是因为他们的生活非常稳定，五点下班准时回家，从未更换工作或者搬到其他地方，即使为了结婚和维持婚姻也绝不改变。你会觉得他们的生活如一潭死水，毫无乐趣可言。但好像我也一样，这像是由人的本性而定，我自己也对结识多年的熟人和生活多年的地方有依恋之情。我所说的做一个流浪汉，是从怎么跟人交流的角度来说的。你有一百万件事情想对人说，然而你找不到一个可以诉说一百万件事情的人，尽管你可以跟某些人说得比另外一些人更多一点。诉说也需要甄别对象，跟一个人你可以说这些事，跟另一个人你可以说那些事。跟同一个人说什么、怎么说也需要依时而定，有时你或许可以短暂地、公开大胆地来冒险说一些事，但不久以后你再次遇到哪怕是同一个人，彼此的谈话也会比先前变得拘束。谁知道这是怎么回事呢？这里面总有一些运气的成分。革命与解放也是这样，二者均过程短暂但令人兴奋。就像有人说过的那样，这二者常常发生在这样的时刻：一方面是你被告知去接受或者自己已经习惯了去接受的现实，另一方面是你忽然发现的而且有勇气和能力去利用的突破，当前一种观念和后一种突破发生短路，革命或解放的行动就产生了。

附录一

马克梦谈唐代女性的政治参与

张明扬

(《上海书评》2013 年 9 月 22 日)

美国堪萨斯大学东亚系教授马克梦先生（R. Keith McMahon）最近出版了《牝鸡无晨：中国历代后妃制度（汉至辽）》（*Women Shall Not Rule*），从吕后一直写到慈禧，盘点了中国历史上的女性统治者。在马克梦看来，武则天的称帝对唐代女性扩大政治参与起到了示范作用，接连出现了如韦后、安乐公主、太平公主和上官婉儿等女性政治人物，然而，在男性构建的政治秩序中，女人当政往往标志着进入乱世。

与汉、南北朝、辽、清等女主执政的多发朝代相比，唐朝女性参与政治有什么独特之处？历史上有那么多女性主政的例子，为什么只有武则天成了皇帝？

马克梦：要了解唐朝的女性参与政治，我认为得先把她们放在皇宫的多妻制度中来看。

一夫多妻婚姻，不管是多妻多妾还是一妻多妾，在全球帝王中非常普遍，除了中国，还有日本、韩国、越南、泰国、老挝、爪哇、莫卧儿帝国、奥斯曼帝国，中美洲的玛雅与阿兹台克等许多古代国家。一般来说，多妻婚姻是按照制度性的体系与话语系统来组织的。皇后与妃子在这个制度中都有明确的等级关系。放荡荒淫的帝王虽颇有名，其实相当少见。到了唐朝，如何当一个多妻者，早已有一套很完整的条例、原则，以及期待。除了成文的条文以外，对帝王的束缚，还有周围人对他的种种行为和语言上的影响。总之，对帝王有两种约束：一种是制度性的，包括规则、价值观、期待，以及风俗习惯；另一种则是实践性的，即皇帝在实际生活环境中的种种交流与接触。对武则天来说，大家都知道她首先是父亲太宗的妾，然后才是儿子高宗的皇后。在历代惯例上，儿子纳父亲的女人为妻是非常违规的，古代叫作"蒸"，是乱伦的意思。但高宗对打破惯例不在乎。

还有，女性参与政治发生在一个女人不该把持政权的世界中。中国和其他国家一样，对女人执政非常反对，也采取各种措施阻止她们当政。古代最有名的说法是《尚书》中的"牝鸡无晨"。《左传》中的"妇人与政，乱之本也"也很有名，另外也有像韩非说的"男女无别，是谓两主，两主者，可亡也"。执政的女人往往被看成干涉者，是干预朝政的坏分子，也是男人势力衰退的明显标志。男人弱，女人就当政，是一个普遍公式。然而，女性参与政治的情况仍然常常发生，女人仍然会突破对她们的约束，把自己的执政合法化，让别人接受她们临时取代男人，甚至长期地维持政权。

为什么只有武则天成了皇帝？这个问题也包括为什么上官婉儿、韦后、安乐公主、太平公主等都能在政治上产生重大影响。首先得把她们放在近几百年的女性主政的历史中来看。这个问题跟以往女主如何即位，如何开创惯例以及如何使自己合法化有关系。像汉朝的吕后、邓绥以及梁妠，晋代的贾南风，北魏的冯太后与灵太后，她们的故事大家都知道，不用详细说。我想指出的是她们提供给武则天的惯例以及对她的示范作用。第一种惯例恐怕是最常见的，也是世界上其他王国常见的：皇帝死的时候，皇后参与太子即位的决定，太子太年轻，皇后来替他执政。当太子冲龄即位时，太后该授权给他。但有的皇后不按条例来做，拒绝放弃权力，也许会引起强烈的争论与反对，但仍然能胜利。皇后把持政权，常依靠娘家的帮助，这也尤其容易引起反对。也有的皇后在太子冲龄即位时，即使授权给他，但仍然在背后行使权力。有的故意选婴儿即位，以延长皇后和外戚的执政时间。这样做都可以说是歪曲先例，玩弄惯例，但女主与外戚常常这样，而且即使受到谴责也不会下台。

语言也是听政皇后的一个重要工具，包括她自己所用的话与别人对她所说的话。一开始对皇后听政的正式说法是临朝称制，意思是她是暂时当政，跟皇帝截然不同，早在汉朝就用，"暂时"听起来更容易接受一点。晚一点的说法是"垂帘听政"，听政者不能直接跟廷臣见面。有的皇后歪曲先例，采取各种措施使自己合法化。比如，参加女人平常不参加的典礼及其他的皇宫活动，采用平常只限于男人的语言甚至发明新的语言。北魏的灵太后用了皇帝的第一人称,称自己为朕。吕后与武则天也用过朕。到宋朝时才特地禁止听政皇后自称为朕,并且严格规定要垂帘。灵太后也用了皇帝的专用称呼,按惯例,应该用殿下来称呼皇后,但她让廷臣用陛下。这一切可以说给武则天做了很好的准备,也奠定了基础。为了使自己执政合法化,武后在准备建立皇朝前后用了各种预兆和宗教象征,包括语言、建筑与艺术品,为的是巩固即位的合理性。其中一个预兆是一句吉利语:"圣母临人,永昌帝业。"登上帝位以后,她学了吕后、冯太后以及灵太后,但走得更远,干脆自称皇帝。其他象征性的办法包括:使用吉利的且不断更换的年号,像天授与如意,并给自己起了一个新名,是个新字,曌,意思为太阳与月亮在天空上照耀人类。武则天还更改了传统礼节,比如延长了给母亲的服丧期,改成跟父亲一样是三年;把母亲提升为太后;拜祖先不但拜李家也拜武家。另外还自称是转轮王,即宇宙的觉悟的领袖。总之,她的目标是增强作为皇帝的象征意义,给自己创造一个理想的形象,为此就充分掌握了行使皇权的各种办法。她的意思好像是说:如果能有天子,也能有"天女"。

唐代女性参与政治的这种程度，在中国历史上比较少见，与西方等其他地区频出女王的历史相比，古代中国女性参与政治的困境主要是什么？

马克梦：得把参与政治的中国女性放在文化比较的框架中来看，才能更好地了解她们的独特之处。执政的女人历来无论哪里都是较少见的，中国也不例外。无论什么地方，普遍的前提是女人与政治是不好混合的。女人形成独立的政治力量，作为真正的一国之主，大权完全操纵在她的手中，我们所知道的应该都是比较少的，包括埃及的克娄巴特拉（Cleopatra）、中国的武则天、拜占庭的伊雷妮（Irene）皇后、格鲁吉亚的塔马（Tamar）女王、印度的拉齐亚·阿勒丁（Razia al-Din）女王、挪威的玛格丽特（Margaret）女王、英国的伊丽莎白一世、俄罗斯帝国的叶卡捷琳娜二世等。像挪威的玛格丽特，她跟中国的慈禧太后差不多，严格说只能算是临时摄政的皇后，是在丈夫死去的情况下执掌朝政的。中国的皇后也都是这样，跟许多其他的王国一样。比如奥斯曼帝国只让女人摄政，在16、17世纪连续有好几个。

执政皇后的行政范围有多大，又有哪几种层次呢？其中有一些大权完全操纵在执政皇后自己手中，跟皇帝差不多。中国没有这种说法，但有的人基本上是这种情况，武则天最为有名。低于执政皇后一级的则是摄政皇后。还有一种特别的情况是中国没有的，就是直接从父亲那里继承皇位，这种情况有格鲁吉亚的塔马女王、印度的拉齐亚·阿勒丁、拜占庭的狄奥多拉（Theodora），英国的伊丽莎白一世等。在这一点上，14世纪的法国甚至正式禁止女性继承皇位，除英国与俄国外，其他欧洲帝国也是如此，只让女性摄政。

但即使一个人不是皇帝，不领导军队，不是唯一的至高无上的政治领袖，仍然可以在政治、经济与其他方面上行使大权，产生重大的影响。比如，女皇在选太子或选婚姻对象时，尤其富有影响。历史上有许多皇后影响更大，在重要政策上，包括军事、经济以及人事关系上，都能行使大权。莫卧儿帝国虽然没有女人摄政，但有许多长辈的、有权威的女性临时执政。这个现象有特别的文化背景，就是莫卧儿帝国继承了图尔基蒙古民族的传统（包括北魏鲜卑、契丹、元等），都习惯于让女人公开参与政治和军事决定，甚至有的可以领导军队打仗。

有另外一个问题值得讨论，就是执政皇后的婚姻关系。拜占庭的皇后是一个好例子，跟中国不一样，丈夫死了皇后是可以再嫁的。有的人再嫁后就把新丈夫提升为皇帝，两个人一起执政。有的皇后在皇帝死后不再嫁，而是像皇帝一样行使皇权。有的再嫁女皇继续当政，不牺牲权力，有的则被丈夫将权力夺走，也有女皇在执政期间生孩子但继续执政。在中国，皇后再嫁是不可思议的。据我所知，当政时生孩子的，除了辽代承天皇后外没有别人。总的来说，无论在什么地方，凡是有女人当政，都应该算是一个特殊时期。

总之，古代中国女性参与政治的困境跟其他地方大同小异。无论在哪里，都要等到20世纪后才能见到较多的女人参与政治并且行使大权。这恐怕跟民主意识的形成有关，也跟君主制的消亡有关，跟"男人是天，女人是地"的概念消失也有关。

成为中国历史上唯一的女皇帝，武则天对当时与后世有什么影响？

马克梦：中国历史上有一种倾向：武则天后，尤其宋元两代后，听政皇后大幅度减少。其中有许多原因，但应该说武后在历史上的反面影响很大。当时她的影响之大，引导了另外三个女统治者——韦后、安乐公主以及太平公主，使得女人参政好像可以成为一个正常的事情。然而后来的结果是女人当政根本没有正常化，大概也不可能正常化。在女人当政的历史上，武则天是顶点，是高潮。我们可以给她做一个最简单的概括，她是唯一自称皇帝的女人，也是唯一可以算是真正的一国之主的女人。可是对女人当政的反对在武则天之后就更绝对化了，要等三百年以后才又有类似的女人当政，即宋朝的刘太后。和武则天最大的不同是，不管正式的还是非正式的听政皇后，武则天以后的执政女人都很小心，刻意避免被比较成武后，不能表现出一个太像武则天的样子（一个很好的小例子是，当有人送给宋刘后一幅武后临朝图时，"后掷其书于地曰：'吾不作此负祖宗事。'"除此之外还有许多类似的例子）。武则天成了一个极端的反面教材。

武则天可能还有一个独特之处在于，她主政的年代还伴随着女性官员的政治参与，比如这次发现墓葬的上官婉儿。

马克梦：武则天的称帝对唐代女性扩大政治参与的确有示范作用。武则天死了不久，另外有三个女统治者表现得跟她很像：韦后和她的女儿安乐公主，以及武则天的女儿太平公主。唐中宗即位后，韦后把持政权，上官婉儿据说曾经劝她学武则天的样子（史书说上官婉儿"常劝后行则天故事"）。这就表明，在当时——至少在女人中——武则天还是可以起到示范作用的。我认为最明显、最有代表性的例子是安乐公主向中宗提出要求当皇太女。这是否说明她也真的要当皇帝，或者别人要她当皇帝，很难说。但历史上从来没有女太子或皇太女这样的概念，也从来没有女性有这样的想法。睿宗即位时，太平公主也得到了很大的权力，差点又变成跟武则天一样（武则天曾经说太平公主"类我"）。这个时期女皇好像要成为常例，是中国历史上一个非常特别的时代。最后李隆基的政变彻底终止了女人当政的风气，此后的时代就明显不一样了。

武后时代与其他朝代的后宫专权最大的不同是，连续有几个女人把持政权。在这以后就没有，并且这些女人能够得到支持，恐怕只有辽元两代才有类似的情形。但那两代有特别的文化因素，上面已经说过，他们都是中亚民族，而中亚民族历来都习惯于给女人以政治与军事大权。

至于武则天主政的年代还伴随着女性官员的政治参与，像上官婉儿，这说明女人当政很自然地要给其他女性更多政治参与的机会,而有女性助手也是理所当然的事情。还有一点,中国的皇宫是全帝国教育水平最高的女人的集中之地。在那里有很多宫女、女官员与妃子,包括女亲戚,都具有作为政治助手的才能。武则天在这个问题上恐怕比别人还要进步,还能想得开,也更加大胆。但无论怎么说,她没有足够的时间把女性官员的政治参与体系化。女人从来没有足够的条件获得执政能力的培养,因此可以很容易地指出当政女人的错误与不成熟,因为她们确实无法跟男人一样长期慢慢地学会如何执政。

唐代士大夫及主流政治舆论,对武则天的历史地位是怎么看的?

马克梦: 我对这个问题还没做过详细的研究,但唐朝以后基本上是持否定态度的。在武则天以后,中华王朝逐渐地使得女人不能当政,明代的朱元璋甚至完全禁止女人听政,结果明代没有一个听政皇后,只有一个张太后在无可奈何的情况下同意非正式地垂帘听政。而且对武则天的诽谤在唐朝以后越来越厉害,到了明代,有许多小说都把她形容成一个极其淫荡的女人,武后甚至成了淫妇的典型例子(赵飞燕也是)。据历史记载,她的确是有过情人的,跟许多南北朝的听政皇后以及其他皇后与公主一样。但应该注意,对武后持否定态度的宋代史书(比如《新唐书》《资治通鉴》),都还对她的政治才能与成就持肯定态度,不因她有情人而对她进行特别的诽谤。明代就不一样,一写武则天,就写她的淫荡。晚清对慈禧的诽谤特别能说明这个问题。诽谤慈禧时,最拿手、最自然的办法就是说她是淫妇。戊戌变法失败后,对她的批评特别严重,批评的内容也包括她的性行为。有人造谣说她跟太监有性关系,也有人说安德海不是真太监,甚至还说她偷偷把男人引进皇宫淫乱(这个谣言恐怕是参考晋代贾南风的故事)。这和其他王国一样,要批评女性权力太大,最好的办法就是说她淫荡,是有"生活作风问题"的。对这种诽谤我也可以提出一个诠释:说武后或慈禧多么淫荡,也许还包含着另外一种深层的意思,就是对女性力量的间接"肯定"与惧怕。这种诽谤也可以另外诠释为男性害怕被女性取代,在男人想象的政治秩序中,社会和谐的基本条件必须是女人不能干政。换句话说,只有男人做主,社会才会和谐,而女人当政往往标志着社会进入了乱世。

附录二

读《吝啬鬼、泼妇、一夫多妻者》
——不是书评,只是闲谈

李零 / 文

我想说个人,我的朋友马克梦(Keith McMahon),说说他的书和我的感想。

马克梦教授,现在是美国堪萨斯大学东亚语言文化系的主任。作为学者,他研究的是中国小说,特别是明清时期的色情小说。美国教授忙,比我们上课多,时间少,只能利用寒暑假或季节假,还有七年一次的长假（sabbatical year，安息年），外出调查和写作。他们从博士而助教授而副教授而正教授，一路迁升，主要是看著作。但时间太少，著作不会太多，通常是一本书主义，或两本书主义。第一本书，往往是博士论文。他们是靠博士论文才找到教职，最初是当助教授。然后，修改论文，正式出版，通过书评，在学术界立稳脚跟。有了这本书，或者再加上一本书，往往就可拿到终身职，当上副教授和正教授。路很漫长。

研究小说，是很辛苦的事。不记笔记等于白看。马克梦要找的书，不是一般的书，它们往往散落于世界各国（大部分在北京），很多都是深藏秘阁。汇集这类书，出丛刊本，只是近年才多起来，在这之前，要亲往调查。厚厚的小说，必须一本一本读，有的是善本，有的是缩微胶卷，二十多年，他已出了三本书，不容易：

（1）《17世纪中国小说中的诱惑和克制》，《通报》专刊，第15卷，E. J. 布利尔，1988年（*Causality and Containment in Seventeenth-century Chinese Fiction*, Monographies du T'oung Pao, vol. XV, E. J. Brill, 1988）。〔案：这篇157页的长文其实是本书。〕

（2）《吝啬鬼、泼妇、一夫多妻者：18世纪中国小说中的性与男女关系》，杜克大学出版社，1995年（*Misers, Shrews, and Polygamists: Sexuality and Male-Female Relations in Eighteenth-century Chinese Fiction*, Duke University Press，1995）。

（3）《财神爷的陨落，19世纪中国的抽鸦片》，罗曼、利特菲尔德出版公司，2002年（*The Fall of the God of Money*, Rowman & Littlefield Publishers, Inc., 2002）。

这三本书，每七年出一本，非常规律。一本17世纪，一本18世纪，一本19世纪，跨越明末清初、清代中期和清代晚期，由远及近，自成系列，两本谈色，一本说毒，都是研究人们羞于启齿、不敢触及的话题。他是人去我取，和我一样，也是属于研究怪学问的人。

马克梦小我四岁，祖上是意大利人，上唇留小胡子，头发花白。他喜欢骑自行车，不但自己骑，还带着全家骑，不但在美国骑，还上法国骑（我们有个朋友在那里）。因为坚持骑车，可能还有遗传优势吧，他看上去瘦削、精练，多余的肉一点没有。

我们有相似的背景，都是"文革"时期的半大小子（teenager）。美国的"文革"，与越战、法国1968

年事和中国的"文化大革命"同步，但他们和我们不同，他们的"文革"是吸毒、性解放，我们这儿，闹革命，不回家，桌椅板凳拼一块儿，男男女女睡一屋，谁都不碰谁，碰了就是耍流氓，打死都说不定。马克梦的第一本书，序言说，色情小说是明代"准文化革命"（almost-cultural-revolution）的一部分。这个说法，也许并无深意，但却引起我的联想。真的，我们谁又能说，在这场轰轰烈烈与世界同步的历史事件中，自己没有受过影响呢？不管是好还是坏。

让我再做一点同步比较吧。

我在山西插队那阵儿，他在读本科和硕士。

1970—1974年，他在印第安纳大学的比较文学系读本科，学比较文学和法语。他说早在1972年，他就开始学汉语，想掌握一门非印欧语系的语言。

1974—1976年，他在耶鲁大学东亚系跟宇文所安学中国文学，读硕士。他说，收获最大的是上现代哲学课和文学批评课，特别是读德里达和拉康。法国人的这类学问在美国很时髦，但影响最大，不在哲学系，而在比较文学系和文学批评界。当时，他对中文的热情不太高，真正迷上中文，反而是在离校后。

1976—1977年，他去台湾，斯坦福大学在台湾大学有个汉语训练班，参加这个班，他才中文大进。

后来，我在中国社会科学院考古研究所工作和在该院研究生院考古系读硕士，他在读博士。

1977—1984 年，他在普林斯顿大学东亚系，从浦安迪（Andrew Plaks）和高友工治中国小说和比较文学。当时，浦氏是研究《红楼梦》和"四大奇书"的名家。"四大奇书"是小说研究的主流，中国、美国一个样。然而，马克梦热衷的却是色情小说。他觉得，除"四大奇书"，高大全，其他的东西不研究，太可惜；中国的色情小说数量庞大，没有得到应有的地位，应该有人研究。这人是谁呢？当然是马克梦了。他有学术训练，有能力，有干劲，这还不够，重要的是，他有兴趣，有问题，有想象力和内心冲动，特别是"了解之同情"。因为我所认识的西方学者，最缺的就是这种同情。

另外，在普林斯顿大学期间，他还留过三年学。1979—1981 年，他在上海复旦大学听王水照、应必诚和章培恒等人的课。这段时间对他很重要，因为这是中国和西方重新来往的开始，也是中国重新招收本科生和研究生的开始，百废待兴，有点开创之局的味道。很多中国的优秀学者是成长于这一时期，很多杰出的海外汉学家也是成长于这一时期。他在北京有很多朋友，在上海也有很多朋友。

我们是因为共同的兴趣才走到一块儿来的。我说过，我也想在小说上玩一把。

马克梦常来中国，几乎每年一次，看我，看潘绥铭，还有其他朋友。因为来得太多，潜移默化，显得特别中国。语言，虽然胡同里的话还不过关，但普通话绝对标准，根本听不出口音；心态也非常平和，丝毫没有洋脾气。还有，他很平民化。他喜欢美国的老城市和旧建筑，包括其中的贫民区。中国也一样。复旦读书时，同屋的中国同学，一件衬衫老不换，让他自惭形秽，他也决心不换。总之，他给人的感觉是，不像外国人，也不像大学者，只是个普通朋友而已。

美国人不爱闲逛和聊天，但他是个例外。我们可以整日聊天，说累了，就各干各的。饿了，随便弄点什么，将就着吃。困了，找个沙发猫一下。再不然，就在阳台上看景。街上有什么好看？只有汽车穿梭，呼呼驶过，但他看得津津有味。有货车从楼下过，工人在煤堆上打牌，或干脆作大字形，仰面朝天，睡在车厢里，我是司空见惯，但他会惊呼，说美国看不到，也根本不允许。

有一次,我和他到王府井,顺道去看住在筒子河边的唐复年(唐兰先生的儿子),什么事忘记了。那个时期,电话还没普及,上人家都是直扑其门。天热,开门的唐先生只穿一条裤衩,他见我旁边立个外国人,十分尴尬,赶紧掩门。我说,没事没事,都是熟人,你千万别拿他当外国人。

我还记得,从唐复年家出来,我们坐在夕阳西下的筒子河边,台阶下面,波光粼粼。他说,他特别喜欢刚才的访问,"紫禁城的黄昏",真美,可惜没带照相机。

上面是知人论世,现在言归正传。

我想就马克梦的第二本书说两句话。这本书和他的第一本书一样,也是讨论广义的"男女之事"。我国的"男女"有双重含义,不光指男女交接之术的"性"(sexuality),也指性别研究的"性"(gender),以及两性之间的关系(male-female relations)。"性"是日本人造的怪词,不能曲尽其妙,还易滋生误解。此书是研究18世纪中国小说中的sexuality and male-female relations,题目很清楚。《老子想尔注》说"男女之事,不可不勤也"，现在的流氓也说"cào 一 cào，十年少"，这类兴趣，我们都有，但窄了点，不能概括这本书的全部内容。他跟我说，他为什么研究这类问题，主要还是生活中的困惑。我也一样。人类只有两大类（当然，严格讲还不止两类），这一半了解那一半，简直就是哲学问题，一辈子都琢磨不透。特别是这类问题，还有他在第三本书里讨论的问题，都是这个世界上最令人困惑的问题。在序言里，他说，他很遗憾，他妈妈没看到这本书就去世了。前年在香港教书，他特意来会我，我说，我妈妈刚去世，"梦里依稀慈母泪"，勾起他对母亲的回忆。他说，他收拾母亲留下的遗物，难禁伤心；他是在单亲家庭中由妈妈带大，母亲的去世给他打击很大。

波黑战争那阵儿，他认识了他现在的太太，还有他太太带来的女儿。他的第三本书，序言最后是感谢他女儿，感谢他太太，书就是献给他太太。也许是通过他妈妈、他妻子和他女儿，他说他对妇女有了更多的同情，发动战争到处杀人的都是男人。没错。

我们都是举一反亿。

和马克梦的第一本书相比，这本书为"男女之事"

赋予了更多的社会含义。虽然他是通过文学来透视社会，他所透视的只是社会金字塔的顶尖部分。

他的第一本书写于80年代。那个时代，是中国的又一次启蒙，一切都带有强烈的对比色。当时，国内讨论这类问题的人，主要关心的是所谓"性解放"。他们都以为，传统就是性压抑，现代就是性解放，或中国就是性压抑，外国就是性解放，就像民主和专制，富裕和贫穷，古今中外之间横着一道线，天差地别。

在高罗佩的笔下，我们也可以看到类似的讨论。他说，中国也有性文化特别发达也特别开放的时代，尤其是明朝，为什么清朝突然又缩回去了呢？我想，我们翻译的他的《中国古代房内考》，当时会引起轰动，原因就在，当时的阅读环境基本上是笼罩在一种"性压抑"的气氛之中。读者需要的是一种比较开放的态度。无论是外国还是中国，只要鼓励开放，他们就热烈欢迎。

然而事实上，人类在性问题上的禁与弛，一直是互为补充，从来没有绝对的禁，也从来没有绝对的弛，两者的关系是，这里禁一下，那里弛一下，此时紧一下，彼时松一下。如我们一向以为十分开放的西方国家，他们在性问题上就充满禁忌，宗教束缚很大，中国人体会不到，比如信仰不同，没法结婚，堕胎问题，他们可以闹到开枪杀人。同样，咱们中国，过去是三纲五常、男女授受不亲与纳妾逛窑子并行不悖。如今，也是"五讲四美""打非""扫黄"与卖淫嫖娼互为消长。"三陪""二奶"，全都转回来了，还压什么抑？怎么形容呢，这就像同一枚钱币的正反两面，彼此分不开。江晓原教授说，"考虑到'性压抑'理论的明显困难，我尝试用一个定名为'性张力'的新概念来取而代之"（江晓原《性张力下的中国人》，上海人民出版社，1995年）。他说的"性张力"（sexual tension），是个洋词，听上去有点费解，其实也就是俗话说的"绷着劲儿"的那个"劲儿"。"绷不住了"，当然也就"性解放"了。

马克梦的《17世纪中国小说中的诱惑和克制》也是讨论"性张力"，但角度有点不同。明晚期，中国的色情小说特别发达，皮肉烂淫，描写非常露骨，各种细节，充满诱惑。但其叙事方式，却是以克制为一头一尾，即推始于戒淫，继之以宣淫，然后又回到戒淫。作者的逻辑是，戒淫必须宣淫，宣淫才能戒淫。一方面煽风点火，一方面危言耸听，把读者的胃口吊起来，再劝之以善恶果报。归根结底，还是强调克制。这当然是文学手法，但马克梦对这种手法兴趣很浓。比如他的第一本书，前面有幅画，是表现隔墙偷窥，上面有诗："只因一幅香罗帕，惹起千秋长恨歌。"隔墙偷窥，他说，就是很有意思的概念。我们对西方是隔墙偷窥，他们对我们也是隔墙偷窥。这就是双方的"诱惑和克制"。

这种讨论方式和当时的我们有某种相似性。大家关心的问题，主要就是"绷得住""绷不住"。我们读潘绥铭的研究、李银河的研究、江晓原的研究、刘达临的研究，都能感受到这种气氛。

我对"性"的研究非常业余，始终不能下定决心，死心塌地研究"性"，因而和上述专家保持着距离，基本上也是属于"隔墙偷窥"吧。

《吝啬鬼、泼妇、一夫多妻者：18世纪中国小说中的性与男女关系》，现有中文译本（王维东、杨彩霞译，戴联斌校，人民文学出版社，2001年）。戴联斌邀我写书评，我没写。我从来不写书评，只写读书笔记、读书感想。后来，江晓原教授写了，登在《书城》2002年第9期，请参看。这里，我想说点我自己的感想。首先，我要说明的是，它并不是《17世纪中国小说中的诱惑和克制》的续篇，虽然两者讨论的对象在时间上是前后相接的。1990—1992 年，马克梦翻译过我论马王堆房中术的文章，并且经共同讨论，加以改写，最后联名发表于 *Early China* 的第 17 期。我知道，他对中国古代的房中术，对色情小说中的床笫之欢，兴趣未曾或减。但在他的新书中，我们不难发现，他已突破了"性张力"的概念。他更关心的已经不是 sexuality，而是 gender，并把 sexuality 和 gender 纳入了更大的话题。

我们都还记得，高罗佩曾强调，中国的性行为和性观念，必须纳入中国的历史背景即其特殊的婚姻形态和男女关系才能理解，无论说好说坏都离不开这个前提（当然他是说好，比别人更正常），中国和西方不一样，他们有情妇，有妓女，但没有小老婆。这是我们和西方完全不同的地方。马克梦也讲过他的经验，他说，他上课，学生最好奇，就是中国的一夫多妻制。因为这样的东西，他们没有。中国的房中术，其实是围绕这类东西。一个老家伙，妻妾成群，怎么对付？可比情妇、妓女麻烦多了。"普降甘霖"，皆大欢喜，那是谈何容易？里面的学问大了去。男生听了，自惭形秽；女生听了，倍感鼓舞。他们简直不能想象，世界上还有这样的国度。春画上的小老头,枯瘦如柴,浑身是火。这种干柴烈火的想象,真是太有趣。

此书选择的讨论对象是中国的一夫多妻制,即明清小说经常描写的中国上层社会的家庭。这种家庭结构下的男女角色,男性家长和他的妻妾,还有这些妻妾的孩子,夫与妇、妻与妾、父与子、母与子,以及他们之间的各种三角关系。他有一个很有启发的总结:假如一个男性家长,他处于一夫多妻制家庭的顶端,如果不能量入为出,过分慷慨和挥霍自己的精气神,还有感情和金钱,则他的妻妾必然是泼妇,小孩必然是败家子,家庭必败。反之,家庭才能安定团结,维持不坠。我记得,有一次,我跟他提起,东汉方士甘始、东郭延年和封君达"率能行容成御妇人术,或饮小便,或自倒悬,爱啬精气,不极视大言"(《后汉书·方术列传》),他对"爱啬精气"四个字连声称妙,并且开玩笑说,他自己就是吝啬鬼。

尹吉男有本书叫《独自叩门》,我说,他是"独自抠门"。真的,马克梦确实是个非常节俭的人。这不是批评,而是赞美。

我是山西人。现在讲晋商,主要是美化儒商,好像读点孔子学点文化就能致富,那是没有的事。其实,致富是靠抠门，全世界如此。抠门是经济学的本质（economy 的本义就是节约），它的意思是，该花的花，不该花的不花，什么都精打细算。"大红灯笼高高照"，后面就是抠门。

我们得说实话。

我常常喜欢拿美国地图套中国地图：西雅图在新疆，加州在西藏，芝加哥在内蒙古，纽约、华盛顿就是天津和北京。但怎么比怎么别扭。别的不说，光是气候就大不一样。我第一次到美国就吃过这个亏，西雅图是四季如春，明明已是阳春美景，芝加哥却大雪纷飞，赶紧找人借衣服。

马克梦的书是在堪萨斯写的，大概是在河南、湖北吧，我这样想。他屡次跟我说，你到美国，就上我这儿来玩吧，这里和东西海岸可不一样，特点是有大片的庄稼地，他喜欢的小麦、玉米和大豆，浅山溪流，河谷中的森林，极目望去，到处都是绿色或黄色，还有就是龙卷风。他送我一张明信片，上面就是龙卷风。龙卷风确实是当地一景。他总说，这里是个小地方，耐不住寂寞的人不会到这儿来。

马克梦的第三本书是写鸦片。那一阵儿，他也是兴味盎然，特意上潘家园，买过一杆烟枪。序言中，他说，毒品的问题其来尚矣，中国和西方打交道，这是开端，贸易把它变成世界性的大问题。这类问题，现在很多，比如美国的私人枪支和全球军火贸易，同步的中国怎么样？我们躲在家里搓麻，他们是公开设赌，将来会不会走一块儿？写完鸦片写什么，他说不知道。我说，酒色财气黄毒赌，暴力和赌博你没谈，何妨一试。

最近，他在读《姑妄言》，并且对中国文学中的"奇女子"发生浓厚兴趣。《姑妄言》是近年发掘的俄藏本，花样最多，篇幅最长（近百万言），堪称中国色情小说之最。台湾的本子有十大本，前年在香港，去年在北京，他总是抱着一本，走在外面，有空就读起来。

我盼望他有新书早日问世，并有新的中文译本和读者见面。

2005年1月17日写于北京蓝旗营寓所

附录三

多妻的小说世界：
关于《吝啬鬼、泼妇、一夫多妻者》

江晓原 / 文

缠绵绮梦

Keith McMahon 研究中国明清色情小说已经多年，15 年前就在著名的汉学刊物《通报》(*T'oung Pao*) 上发表长篇论文了。他有一个有点香艳的中文名字：马克梦。马克这两个字，除了使人想到外汇，也可以帮助营造某种异域风情——还记得《上海宝贝》中那个德国情人的名字吗？至于梦，一个多年浸淫在明清色情小说中的人，要做梦的话，一定不乏缠绵的绮梦吧。

　　研究中国明清色情小说，多年来一直是西方汉学界的一脉。想想人世间的职业，也真是千奇百怪。比如，小男孩为了玩一点儿电脑游戏，常常不得不费尽心机，用各种手段和严厉的父母周旋，可是却有人以玩电脑游戏为职业——专为出品电脑游戏的公司"试玩"尚未上市的游戏，以便发现游戏中可能存在着的 bug。我女儿小时候我告诉她世界上有这种职业，她激动得大叫起来说，我长大就要去干这个！而说到色情小说，情形也有点类似。这类书一直是一般公众甚至学者都很难有机会阅读的——如今主要的困难倒不是找不到这些书，有时候其实是担心来自家人、亲友、上司或同事的压力。我多年前有一个同事，他悄悄向我借《金瓶梅》全本，就要选在他太太出差的那个星期里。可是同样有人可以将阅读色情小说作为工作，而且是"严肃的学术工作"！马克梦基本上就是这样。

　　1995 年，马克梦出版了他最重要的著作之一：《吝啬鬼、泼妇、一夫多妻者：18 世纪中国小说中的性与男女关系》。

一对生死冤家

马克梦提出了"吝啬鬼""泼妇""一夫多妻者"三种类型，借助这种分类来分析中国色情小说中的性和男女关系。

"吝啬鬼"虽然出现在书名之首，在书中实际上几乎只是附带地被谈到。"吝啬鬼"在概念上被马克梦作为男女关系中禁欲主义的代表（当然他也谈到了小说中一些通常意义上的吝啬鬼形象），在这个意义上，他们"吝啬"什么呢？"吝啬"自己的精液，即房中术理论中的"惜精"。房中术原是为一夫多妻者们服务的技巧，而在性交时保持不射精或尽量少射精、迟射精，原是房中术中的入门功夫，因为只有这样才有可能在短时间内和多个女子性交，进而达到"夜御九女"之类的境界。

但是"惜精"之说也被禁欲主义者接过去，以"一滴精十滴血"之类的危言耸听恐吓世人，这样就可以直接引导到禁欲主义的结论上去，似乎禁绝一切性刺激、性行为才是最理想的。人们往往将这种禁欲主义与"封建礼教"联系在一起，其实禁欲主义在儒家正统学说中也得不到真正的支持。例如，昔日孟子竭力劝诱齐宣王推行"王道"，齐宣王难之，说自己有"好勇""好货"等疾，孟子逐一为之开解，最后说到"好色"一节，孟子认为好色也不是问题：只要能做到"内无怨女，外无旷夫，王如好色，与百姓同之"，那对于王业的成功仍然没有任何妨碍。

至于"泼妇"，在马克梦的安排下，几乎集男性心目中所有女性恶德之大成。"泼妇是恶女人的代名词，她企图利用性的力量制服男人，这种力量包括向男人泼撒媚术、窃取男人的阳精。""泼妇"还在下意识里寻求现代意义上的男女平等，希望让她也可以去找别的男人，尽管"多数泼妇只要求丈夫不纳妾而已"——那就是"妒"，而"妒"又经常和"悍"联系在一起。但按照马克梦的理解，"泼妇"即使反对丈夫纳妾，也和禁欲主义毫无共同之处，因为"泼妇对贞节痛恨之至"。

在房中术理论中，"惜精"的重要目的之一是要吸取女方的"阴精"——大体相当于当年张竞生所说的"第三种水"，即女性在性高潮时射出的爱液——这被认为对男性大有"补益"，即所谓"采阴补阳"。与此对称的，同时也更重要的是，男性的精液对于女性来说更具有"补益"作用（这一点甚至可以得到现代医学的支持），即所谓"采阳补阴"。在中国古代房中术理论和色情小说中，邪恶的女性总是千方百计企图摄取男人的阳精，这种企图一旦成功，男方轻则形销骨立，重则性命不保；女方则起码是"颜色光泽"，年华永驻。在"采阴补阳"与"采阳补阴"两种理论同时的利诱与威胁之下，性交成为一种危险的游戏，一种两性之间的战争——谁先达到高潮，就意味着谁成为战败的一方，他（她）的"精气"就被对方获得，导致损己利人的结果。正是在"窃取男人的阳精"这个意义上，马克梦的"泼妇"与"吝啬鬼"成为一对"生死冤家"。

虚构的真实

在各用一章谈过"吝啬鬼"和"泼妇"之后，马克梦将全书后面10章的篇幅全部奉献给了对"一夫多妻者"的分析和讨论。这些讨论中他涉及的小说有近二十部，倒也并非全是色情小说，不过马克梦的兴趣当然集中在这些小说中性和男女关系的内容上。他将这些小说中的一夫多妻情形，区分为不同的类型，比如"纯情的佳人才子""女超人""色情化的才子佳人""纯情的一夫多妻""妻妾贤淑超群,丈夫浪荡不羁""浪子和妓女""乐善好施的一夫多妻者与性快乐的归化""淫乱的一夫多妻",等等。被他作过比较详细分析的长篇小说有《野叟曝言》《红楼梦》《林兰香》《歧路灯》《绿野仙踪》《蜃楼志》和《儿女英雄传》,以及《春灯谜史》之类的纯色情小说,和《绣屏缘》之类的准色情小说。一夫多妻世界的种种情景——真实的或虚构的,都在马克梦笔下得到观照。

马克梦分析的一夫多妻世界,是中国18世纪色情小说中的世界,这样的世界是否曾经真实地存在过?依据色情小说分析中国人的"性"是否可靠?此事说来有趣——世间有"真实的谎言",同时也有"虚构的真实"。真实的谎言,常见的办法是举出一系列真实的事情(同时当然要隐瞒更多同样也是真实的事情),但让这些事情构成一幅虚假的图景。虚构的真实,最容易理解的例证就是小说,小说中的故事情节通常是虚构的,但是这些虚构的情节所组成的更大的场景,则有可能是真实的。

西方汉学界久有通过中国色情小说、春宫画册之类材料来研究"古代中国人的性生活"(高罗佩语)的传统，马克梦的研究，也可以归入这一传统之中。色情小说中的那些性爱情节，当然有很多出于虚构。即使曾有个别人真有能力、有勇气、有兴趣去实践过，那也只能是个别现象，不可能具有普遍意义。但是就更大的"场景"而言，有许多肯定是真实的，比如士大夫阶层常见的一夫多妻家庭，以及这些家庭中妻妾之争宠、丈夫之调处，等等。因为至少这些都可以从别的史料得到旁证。

没有别的史料做旁证时，真实的可能性仍然存在。东汉末年曹操攻灭袁氏，将袁熙的太太、当时著名的美人甄氏赐给长子曹丕收纳，孔融写信给曹操讽刺此事，说"武王伐纣，以妲己赐周公"，曹操没听出孔融的讽刺之意（或听出了但故意装傻），问孔融此说有何出典，孔融说了一句名言——"以今度之，想当然耳"（以今天的情况来推测，应该是这样的）。这里"以妲己赐周公"当然是孔融编出来的说辞，但如果古籍中真有这条记载，后人欲考证其真伪，又没有别的旁证，则孔融所说的名言，确实不失为一条思路——事实上历史学家中就常有这样做的。当今人打算通过明清色情小说来了解当年社会时，就经常不得不实行这条思路——毕竟，人种还是这个人种，心理还是那些心理啊。

一夫一妻与一夫多妻

在马克梦所沉溺于其中的那些小说的年代，一夫多妻在中国人看来是天经地义的事情。在中国古代虽然也可以找到对平民纳妾做某种限制的规定，比如《明会典·律例四》有"民年四十以上无子者方听娶妾"之类，但是大量的历史记载，乃至小说、戏剧等，所反映的明清时代的社会生活中，几乎没有任何人将这类规定认真看待。相反，妻妾成群的有钱人家，在中国历代繁荣富庶地区都随处可见。而且，事实上也找不到古代中国有正式将多妻限为某种阶层独有特权的强烈主张。只要他有能力办得到，人们并不否认一个平民——通常只要他有了足够强的能力就可跻身社会上层——拥有多妻的权力。至于文人们风流自命，纳"小星"，富人纳侧室，娶"外宅"，收"通房丫头"，乃至姨太太成群，都是古代司空见惯之事，直到20世纪上半叶的中国，仍然如此。比如某位被奉为神明的著名人士，就是在未与他的合法妻子解除婚姻关系的情况下，与另一女子组成实际上的夫妻的。这样的例子还不止一两个，就是今天，人们对此也持宽容态度，何况古代？

还有一些学者通过考察古代对妻、妾或女性配偶的不同称呼，她们法律地位的异同，她们在家庭中地位的高低等情况，指出正妻与其余女性配偶的区别。这对于婚姻制度的社会学研究来说当然有其价值，但如果据此就断言古代中国也是实行一夫一妻制或一夫一妻制有"天经地义"的地位，那就混淆了概念。人类学家之言一夫一妻（monogamy）或一夫多妻（polygyny），是指一个男性的合法女性配偶，这样的配偶不能同时再和别的男性保持合法的性关系，如此种配偶超过一个，即谓之一夫多妻。这是问题的实质，诸女的名分、地位之类的异同并不重要。

"世界最终属于一夫多妻者"

马克梦在书中说了一句颇有"名言"架势的话——"然而，世界最终属于一夫多妻者"。不知这话有无深意？在动物界，我们确实经常可以见到，一只强壮有力的雄性担任兽群首领，它同时还独占一群雌性配偶。人从动物进化而来，上面那幅兽群中的图景，仍是人类长久的记忆。所以在古代社会中，男性的性能力是力量和地位的象征，诸侯要"一娶九女"，天子则有"三宫九嫔二十七世妇八十一御妻"（《礼记·昏义》），外加随时可作、多多益善的猎艳。

由于西方社会曾长期实行一夫一妻制，那个社会中的学者认为一夫一妻制是发乎人类本性的，是亘古如斯的，似乎是天经地义的。但伴随着学术的进步，偏见和误解早晚要被更实事求是的结论所取代，在当代西方流行的人类学理论教科书中，可以看到如下陈述："虽然西方社会和其他高度工业化的社会都不允许一夫多妻婚，但是它却存在于世界各地的大多数社会中。默道克（Murdock）世界民族志抽样调查表明，70%以上的社会允许一夫多妻婚。"（Carol R. Ember 等：《文化的变异》）

何况在这个问题上，西方社会也没有理由被过分美化。虽然在法律上是一夫一妻，但照样可以有情人、婚外恋、妓女之类的办法来"补救"。到了我们今天的社会，在法律上告别一夫多妻也接近一个世纪了，但上面那些办法一样也不少。尤其是"婚外恋"，实际上很难明确界定，为了将事情弄得温情一些，人们发明了诸如"红颜知己""贴心的异性朋友"（女士专用的表达法）之类的说法，听上去就容易接受多了。

男性之向往多妻,或者说"多配偶倾向",很多学者相信是有生物学根源的。当然这种信念也经常受到女权主义者,或一些非女权主义的女性的痛斥。其实女性也未尝没有多配偶倾向,向往多夫的也大有人在。在这个问题上,男女同样应该是平等的。

(原载《书城》杂志2002年第9期,收入江氏著《性学五章》,北京:海豚出版社,2013年,第79—85页。)

附录四

马克梦著作目录

In the News:

- Television interview on women rulers in China, at the Chinese Academy of Social Sciences, Sept 5, 2014, http://vid.cssn.cn/sp/sp_zdtj/201412/t20141202_1425838.shtml orhttp://v.youku.com/v_show/id_XODQwMDIzNzgw.html.
- Interview in *Shanghai Review of Books*, (in Chinese), "Keith McMahon discusses Tang dynasty women rulers," http://www.dfdaily.com/html/1170/2013/9/22/1074618.shtml.
- KU News Service: "Professor's new book examines deep opposition to female rulers," https://news.

ku.edu/2013/09/23/professors-new-book-examines-opposition-female-rulers-china.
- KU News Service: "Eunuchs popularized in 'Game of Thrones' have historical parallels to Imperial China," https://news.ku.edu/2014/04/28/eunuchs-popularized-game-thrones-have-historical-parallels-imperial-china.

Education:

- B. A. 1974, Indiana University, Comparative Literature and French.
- M. A., 1976, Yale University, East Asian Studies.
- Ph. D., 1984, Princeton University, East Asian Studies.

Education in China:

- Stanford Inter-university Language Center, Taibei, 1976–77.
- CSCPRC (Fellowship, Committee on Scholarly Communications with the People's Republic of China), Fudan University, Shanghai, 1979–81.

Research in China:

- CSCPRC, Peking University, Beijing, 1985–86, summer 1987, and 1991.

Representative Publications:

- "The Potent Eunuch: The Story of Wei Zhongxian," in *Journal of Chinese Literature and Culture*, 1.1–2 (Nov. 2014): 1–28.
- *Women Shall Not Rule: Imperial Wives and Concubines in China from Han to Liao,* Lanham: Rowman and Littlefield, 2013.
- "The Institution of Polygamy in the Chinese Imperial Palace," *Journal of Asian Studies* (Nov. 2013): 917–36.
- "Women Rulers in Imperial China," *Nannü: Men, Women and Gender in Early and Imperial China*, 15.2: 179–218.
- "Polygyny, Bound Feet, and Perversion," *Extrême-Orient, Extrême Occident, hors série* (2012): 159–187.
- *Polygamy and Sublime Passion: Sexuality in China on the Verge of Modernity,* Honolulu, University of Hawaii Press, 2009.
- "Opium Smoking and Modern Subjectivity," *Postcolonial Studies,* 8, 2 (2005): 165–180.
- "Cultural Destiny and Polygynous Love in Zou Tao's *Shanghai Dust*," *Chinese Literature: Essays, Articles, Reviews* 27 (2005): 117–135.
- *The Fall of the God of Money: Opium Smoking in*

Nineteenth-century China, Lanham: Rowman and Littlefield Publishers, 2002.
- "Opium and Sexuality in Late Qing Fiction," Nannü 2.1 (2000): 129–179.
- *Misers, Shrews, and Polygamists: Sexuality and Male-Female Relations in Eighteenth-century Chinese Fiction,* Durham: Duke University Press, 1995.
- *Causality and Containment in Seventeenth-century Chinese Fiction.* Leiden: E.J. Brill, 1988.

In Chinese:

- "Lacan's Theory of Sexual Difference in Late Imperial China,"
- "The Male Consort of the Remarkable Woman and the Ontology of the Feminine,"
- "The Structure of Sexuality in China on the Verge of Modernity,"

in *Tsing-hua Journal of Chinese Literature,* Taiwan, volume 1: 293–349, 2007.

The Story of Lao Song, Retired KMT Soldier